タニタのDr.がすすめる スローカロリーレシピ

お腹いっぱいでも低カロリー

タニタ体重科学研究所 所長　池田　義雄

PHP

太りにくい食事と健康なからだは
「スローカロリー」から

「スローカロリー」
あまり聞き慣れない言葉かもしれません。

スローライフ、スローフード運動が提唱されてきました。
これからは「スローカロリー」も、健康に大切な要素です。

消化がゆっくりだから、食べすぎることもなく
メタボが改善され、気がつけばダイエットに。
その結果、糖尿病や生活習慣病の予防にもなる。
いいこといっぱいの「スローカロリー」、
皆さんの食生活におすすめします。

タニタ体重科学研究所　所長　池田義雄

タニタのDr.がすすめるスローカロリーレシピ

目次 Contents

太りにくい食事と健康なからだは「スローカロリー」から ……… 2

スローカロリーへようこそ　7

スローカロリーライフをはじめましょう ……… 8
スローカロリーな食物を選んで食べましょう ……… 10
スローカロリーな食べ方を身につけましょう ……… 12
スローカロリーな調味料を使いましょう ……… 14
パラチノースの特長 ……… 15
塩分と脂質に注意しましょう ……… 16
世界から肥満をなくす！ ……… 17
食物繊維を多く含んだ食材 ……… 18
スローカロリープロジェクト賛同商品 ……… 19
スローカロリー料理をおいしくつくるコツ ……… 20
この本の使い方とルール ……… 22
この本の見方 ……… 24

スローカロリーの献立料理　25

献立 1	655 kcal	ごぼう入りハンバーグ膳 ……… 26
献立 2	500 kcal	鮭のタンドリー焼き膳 ……… 28
献立 3	485 kcal	鶏肉のカレー煮込みセット ……… 30
献立 4	578 kcal	カツオの中華風刺身膳 ……… 32
献立 5	578 kcal	豚こま団子の黒酢煮膳 ……… 34
献立 6	519 kcal	さばの中華みそ煮膳 ……… 36
献立 7	557 kcal	かじきまぐろと野菜の焼きびたし膳 ……… 38
献立 8	541 kcal	焼き肉膳 ……… 40
献立 9	626 kcal	まぐろと長いものピリ辛丼セット ……… 42
献立 10	604 kcal	牛肉の野菜巻きとパスタのセット ……… 44

献立 11	594 kcal	鮭と野菜の蒸し焼き膳	46
献立 12	603 kcal	にらと牛肉のキムチ炒め膳	48
献立 13	645 kcal	さんまの塩焼き膳	50
献立 14	629 kcal	ハヤシライスセット	52
献立 15	534 kcal	鶏のから揚げ黒酢がらめ膳	54
献立 16	563 kcal	ぶりの照り焼き膳	56
献立 17	578 kcal	揚げない酢豚膳	58
献立 18	584 kcal	たらのトマトソース煮膳	60
献立 19	616 kcal	きのこの豚丼セット	62
献立 20	549 kcal	鮭のチーズ焼き膳	64
献立 21	458 kcal	ポトフーセット	66
献立 22	555 kcal	厚揚げの野菜たっぷりあんかけ膳	68
献立 23	589 kcal	豚そぼろ丼セット	70
献立 24	537 kcal	鶏肉と厚揚げの鍋セット	72

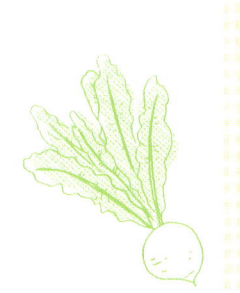

糖質と健康・長寿のおはなし ………………………… 家森幸男 74

à la carte

スローカロリーの丼もの、麺、副菜、デザート 75

やっぱり食べたい！ごはん・丼・麺

ごはん・丼・麺1	378 kcal	トマトの全粒粉パスタ	76
ごはん・丼・麺2	407 kcal	とろろきのこそば	77
ごはん・丼・麺3	385 kcal	納豆キムチ丼	78
ごはん・丼・麺4	525 kcal	ぶっかけそうめん	79
ごはん・丼・麺5	283 kcal	雑穀のレタスチャーハン	80
ごはん・丼・麺6	349 kcal	バンバンジーそうめん	81

目次 Contents

食物繊維たっぷりの副菜・スープ

副菜・スープ1	254 kcal	アボカドと大豆のカレーサラダ	82
副菜・スープ2	44 kcal	2色のパプリカピクルス	82
副菜・スープ3	89 kcal	切干大根のペペロンチーノ	83
副菜・スープ4	28 kcal	糸寒天のサラダフォー風	83
副菜・スープ5	62 kcal	糸こんにゃくときのこのソテー	84
副菜・スープ6	118 kcal	オレンジ風味のキャロットラペ	85
副菜・スープ7	15 kcal	きざみオクラとみょうがのめかぶ和え	85
副菜・スープ8	236 kcal	カラフル豆とあさりのミルクスープ	86
副菜・スープ9	65 kcal	根菜汁	87
副菜・スープ10	26 kcal	レタスの冷たいみそスープ	87
副菜・スープ11	128 kcal	オクラ納豆汁	88
副菜・スープ12	104 kcal	レンジきのこと温泉たまごのみそ汁	89

スローカロリーなデザート

デザート1	397 kcal	おからのクッキー	90
デザート2	467 kcal	いちごのカップレアチーズ	91
デザート3	40 kcal	紅茶のゼリー	91
デザート4	124 kcal	Wベリーと豆乳のスムージー	92
デザート5	116 kcal	パイナップル＆キャベツスムージー	92
デザート6	186 kcal	ヨーグルトのマンゴームース	93
デザート7	172 kcal	いちごのコンフィチュール	93

食材の使い回し索引 …… 94

スローカロリーへようこそ

ゆっくり吸収する食べ物のエネルギーとは？
糖質や食物繊維も、大切な要素。
食べ方も身につけて
健康・元気を手に入れよう

スローカロリーライフを
はじめましょう

スローカロリー？

ちょっと聞き慣れない言葉ですが、肥満を予防し、体を健康に保つのにとても大切な考え方です。

スローカロリーとは
ゆっくり消化吸収する食べ物のエネルギーのことです。

　ダイエット、メタボ予防というと、ついカロリー、糖質制限に目がむいてしまいがちです。1日に必要とされる消費カロリー以上の食事をとらない。それは大切なことですが、実はそれと同じくらいに、糖質の消化吸収の速度をスローにすることが大切なのです。ゆっくり消化吸収するものを食べることを心がけるのが、健康でスマートな体をつくるスローカロリーライフ。食べ物のカロリーを量だけで判断するのではなく、「質」を重視します。

糖の消化吸収を遅くすれば、多くの健康メリットが！

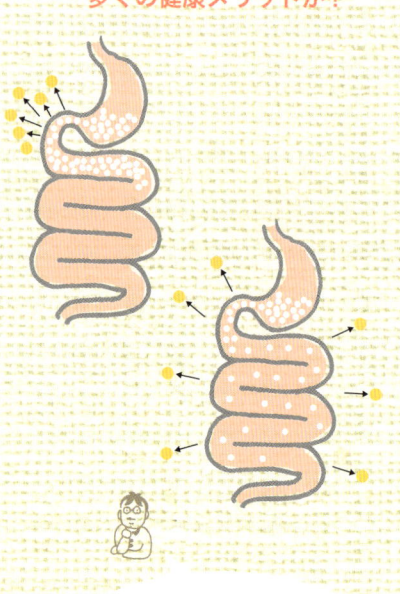

スローカロリーな糖質は
食後の血糖値がおだやかに上がります。

　血糖値とは血液に含まれるブドウ糖の量のことを言います。その数値は健康診断などでおなじみでしょうが、とても気になるものです。体は本来、血糖値を一定の範囲で保つようにできていますが、食後に急激に血糖値が上昇すると、肥満、糖尿病などの生活習慣病のリスクを高めることになります。逆に、体内でゆっくり消化吸収される糖質であれば、少しずつ体に吸収され、急激な血糖値の上昇がおきないので、おすすめです。

糖質の消化吸収の速度をスローにすることが大切です。

消化吸収の遅い糖質にはたくさんの健康メリットがあります

ダイエットに役立ちます

基礎代謝を上げるにはカロリーの利用速度をコントロールすることが重要。糖質はゆっくり吸収されたほうが、代謝を高め脂肪が燃焼しやすくなります。いきすぎたカロリー制限や糖質制限は栄養バランスを崩し代謝を低下させ、逆効果になってしまうこともあります。

まんぷく感が持続します

消化吸収の速い食べ物より、消化吸収がおだやかな食べ物のほうが、まんぷく感を得やすく腹持ちもよいのです。自然と食べすぎが防げるので、結果として毎日の摂取エネルギーが抑えられ、肥満を防止することもできます。

免疫力をアップします

糖質のなかには、小腸上部で早く吸収されるものや、小腸の下部まで届きゆっくり吸収されるものがあります。糖質が小腸の下部まで届けば、それをエサとする腸内の善玉菌を増やすことができます。腸は体全体をコントロールする重要な器官。腸内環境が整えば、免疫力を高めることができます。

生活習慣病を予防します

食べすぎて消費しきれないエネルギーは、内臓脂肪として蓄積されます。肥満やメタボの延長線にあるのは、糖尿病や高血圧、動脈硬化など、命に関わる怖い生活習慣病。食事を必要量にとどめ、質にこだわるスローカロリーライフを早い段階で実践し、生活習慣病の予防に役立てましょう。

「一無、二少、三多」で実現するスローカロリーライフ

一無（いちむ）＝たばこなし

二少（にしょう）＝食べすぎない、飲みすぎない

三多（さんた）＝よく運動する、よく休む、多くの人、事、ものによく接する

タニタのドクター、池田義雄がすすめる生活習慣病予防の方法です。スローカロリーな食事にこだわるとともに、1日に消費する以上のカロリーを摂取しない、運動で筋肉をつけて代謝をアップし、やせやすい体にすることも大切です。

一無、二少、三多の実践数と検診データから見た有病率

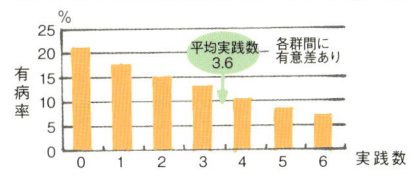

平均実践数 3.6　各群間に有意差あり

慈恵医大新橋健診センター所長　和田高士教授

スローカロリーな食物を選んで食べましょう

忙しい現代生活では、外食やできあいの惣菜を食べる機会が多くなりがちです。
体は食物成分の影響を強く受けています。体によいものを選択してバランスよく食べましょう。

食物繊維が豊富な食材を食べる

ダイエタリーファイバーと呼ばれる食物繊維がたくさん含まれている食品は、スローカロリーな食物の代表。

ところが日本人の多くは、食物繊維の摂取量が年々減少していて、不足しがちです。

食物繊維をたっぷり含んだ食物をメニューに取り入れましょう。

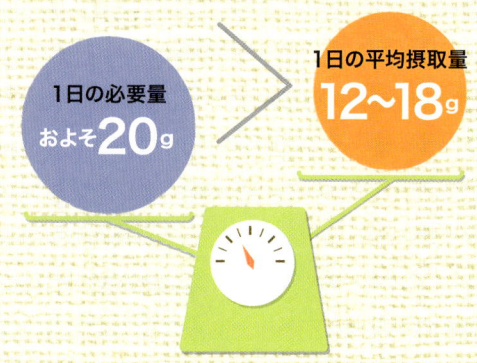

食物繊維
1日の必要量 およそ20g
1日の平均摂取量 12〜18g

食物繊維には水に溶ける水溶性食物繊維と、水に溶けにくい不溶性食物繊維があり、それぞれ異なる特徴があります。

●食物繊維の種類と特徴

種類	働き	含まれている食品
水溶性食物繊維	・粘着性があり保水性が高いのが特徴。 ・糖分の吸収速度をおだやかにし、食後の血糖値が急激に上昇しないように抑えるため、糖尿病の予防や改善に役立つ。 ・粘着性により体内をゆっくり移動するので、お腹がすきにくく、食べ過ぎを防ぐ。 ・コレステロールを吸着し、体外に排出させる。 ・大腸内で発酵・分解されると、ビフィズス菌などが増えて、腸内環境がよくなる。	・熟した果実 ・緑黄色野菜 ・ジャガイモ ・豆類、大麦、オーツ麦 ・海藻類 ・こんにゃく
不溶性食物繊維	・胃や腸で水分を吸収してふくらみ、腸を刺激。便秘を解消する。 ・ある程度の硬さがあることから、自然とよく噛んで食べるようになる。食欲中枢を刺激し、食べすぎを防ぐ。 ・大腸内で発酵・分解されると、ビフィズス菌などが増えて、腸内環境がよくなる。	・野菜全般 ・根菜類 ・豆類 ・豆加工品（豆腐は含まれない） ・穀物 ・小麦ふすま ・エビやカニなど甲殻類の表皮

食物繊維は、栄養補助食品から摂取するより、食物から摂取することをおすすめします。単一の食物繊維ではなく、多種少量の食材から組み立てる献立からとることを心がけましょう。

ごはん、パン、麺類など主食に気をつける！

　食後の血糖上昇をおだやかにし、インスリンの必要量を少なくするには、「できるだけ精製度が低い素材を使ったもの」を選ぶことをおすすめします。
　精製度が高いものを食べたい場合には、調理方法、量、そのほかの食材や食べ方を工夫するとよいでしょう（詳しくは次ページを参照）。

ごはん	白米	▶	胚芽米／麦飯／七分づきや五分づき／雑穀入り ○
パン	精白した小麦粉を使ったパン	▶	全粒粉パン／胚芽パン ○
麺類	うどん ▶	パスタ △ ▶	そば ○

※全粒粉を使った麺類はおすすめです。

刑務所の食事はスローカロリー　刑務所での服役中に食べるごはんは米７麦３。これは食物繊維の摂取量が平均的な日本人（男性）の２倍に相当する。服役中に糖尿病が良くなる受刑者もいるとか。

甘みは「質」にこだわる

　砂糖の甘さは活力の源です。
　砂糖入りコーヒーでリラックスする。デザートやスイーツを食べて幸せな気分になる。清涼飲料水を飲んで元気になる。とりすぎはもちろん注意が必要ですが、必要なときに適切なものを適量とるようにしましょう。無理に制限してストレスを感じるのは、好ましくありません。
　消化吸収がゆっくりな機能性甘味料を活用するのもよいでしょう。

スローカロリーな食べ方を身につけましょう

肥満ぎみの人には「早食い」の人が多いようです。
スローカロリーライフの食事にするためには、食べ方も大きなポイント。
見直してみてはいかがでしょう。

ゆっくり食べる

　食事はゆっくり味わいながら、心地よく食べたいもの。
　生理学的には、食べ始めから約20分で脳のまんぷく中枢が刺激され、「お腹がいっぱい！」のサインが出ます。ゆっくり食べて、サインが出るまで時間をかせぐことができれば、食べすぎを防ぐことができます。

日本食はスローカロリーな食事

　昔からの和食には、食物繊維が多く含まれ、脂肪が少ないものが多く、ごく自然にスローカロリーな食生活となっていました。昭和30年ごろの日本人は、推定で1日30g、現在の1.5～2倍の食物繊維をとっていたことになります。欧米型の食事が浸透するにつれ、食物繊維の摂取量が減ってきました。卵や肉、魚類に食物繊維は含まれません。バランスよく食べることが大切です。

よく噛む工夫

　ひと口で30回ほど噛むのがよいとされています。
　どうすればそんなに何回も噛めるのか？
　食材を大きめにカットする。硬めに調理する。食物繊維が多い食材を使う。
　こうして「噛みごたえ」を出すと、噛む回数を自然と増やすことができます。

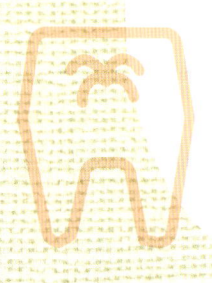

食べる順番を考える

すきっ腹にいきなりごはんや麺類を食べると、血糖値が急激に上がります。

スローカロリーを実行するのなら、食べる順番にも神経を配りましょう。

太らない順番は
野菜→たんぱく質→炭水化物

まず最初に汁ものを、次にサラダや煮ものなどの副菜を食べ、ごはんやパスタ、デザートなどの甘いものは最後に食べるようにします。

多種少食を実行

食べる楽しさを感じつつ、ダイエットもできるのが、いろいろな食べ物を少しずつ食べる「多種少食」という食べ方です。メイン料理以外に、野菜や豆、いも、海藻類などを少しずつ多彩に使った具だくさんの汁もの、副菜があるのが理想的です。

一般成人女性の1日の平均摂取カロリーは約2000kcal

一般成人女性の1日の平均的消費カロリーは約2000kcalです。1日の摂取カロリーを2000kcal以内に抑えれば、太ることはなく、それ以下にすればマイナスに転じることになります。1日3食食べる場合、1食あたり500kcal前後に抑えれば、無理なくやせていくことができるというわけです。

摂取エネルギー　消費エネルギー

スローカロリーな調味料を使いましょう

ダイエットや生活習慣病の改善に、甘いものは厳禁、と考えがちですが
ゆっくり吸収されるスローカロリーな甘味料なら安心です。

糖質にこだわる

　人は甘いものを食べると、ほっとくつろぎ幸せな気分になれます。その甘いものをタブーとし、ダイエットのためにガマンするのはつらいものです。

　また、砂糖は食品に甘味をつけるだけではありません。素材の味を引き出し、食感、香り、色艶を与え、保存性を高めるなどの機能があります。私たちの食生活のなかで、欠かせない調味料なのです。

　砂糖の使い方と質にこだわると、ダイエット中や生活習慣病の治療中でも、甘いものを食べることができ、食生活に幅とうるおいが生まれます。

● ゆっくり消化吸収される糖質「パラチノース」

　パラチノースは砂糖に微生物の力が働いて作られる糖質で、蜂蜜やサトウキビに含まれています。甘さは砂糖の約半分ですが、砂糖によく似たおいしさを持ち、消化吸収がゆっくり。理想的ともいえる、スローカロリーな糖質です。

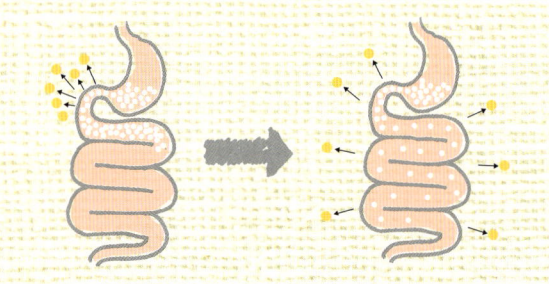

消化が速い砂糖も… → パラチノースと一緒ならスローカロリーに

● 砂糖もパラチノースと一緒に使うとスローカロリーに

　パラチノースは砂糖の消化吸収をゆっくりにします。
　砂糖もパラチノースと一緒に使えば、スローカロリーになるのです。

● 砂糖とパラチノースのよいところを合わせた「スローカロリーシュガー」

　スローカロリーシュガーは砂糖とパラチノースをまぜた甘味料で、通常の砂糖と同じように使うことができます。

問い合わせ／三井製糖　スローカロリープロジェクト
TEL 03-3639-9482　http://www.slowcalorie.com/
原材料／砂糖、パラチノース、果糖ぶどう糖液糖　400g／袋
スローカロリーシュガーはインターネットで購入できます。
楽天　http://item.rakuten.co.jp/mitsui-sugar/1481896/
ケンコーコム　http://www.kenko.com/product/item/itm_6927364572.html

パラチノース®は三井製糖(株)の登録商標です。

パラチノースの特長

1 ゆっくり消化吸収される。その速度はショ糖（砂糖）の約1/5。

2 一緒に摂取すると、砂糖や他の糖の消化吸収もゆっくりにする。

3 長期間摂取し続けると、空腹時のインスリンや血圧が徐々に下がる。

4 食後の過剰なインスリン分泌を抑え、内臓脂肪の蓄積を抑制する。

5 集中力を持続させる。

6 リラックス効果がある。

7 さっぱりとした上品な甘みで、後味がよい。

パラチノースは集中力持続性がよい

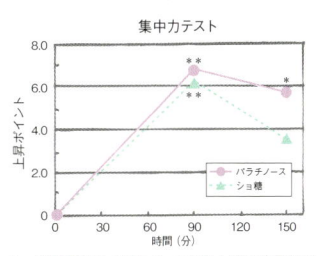

集中力テスト

* ：初期値（0分）と比較して、$p<0.05$ レベルで有意差あり。
**：初期値（0分）と比較して、$p<0.01$ レベルで有意差あり。

精糖技術研究会誌 51 19-25 (2003)

パラチノースはリラックス脳波が出やすい

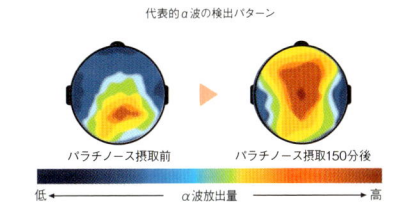

代表的α波の検出パターン

パラチノース摂取前 ▶ パラチノース摂取150分後

低 ←──── α波放出量 ────→ 高

Food Sci. Technol. Res. 9 (4) 357-360 (2003)

パラチノースは血糖値とインスリン変化がおだやか

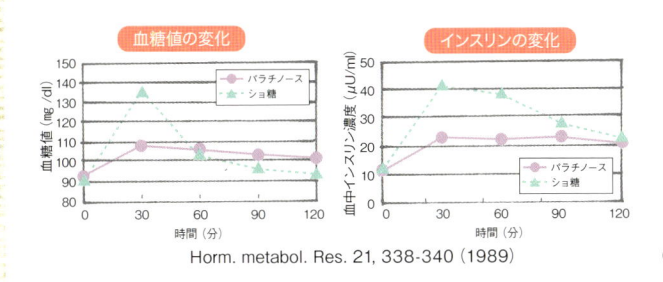

血糖値の変化 ／ インスリンの変化

Horm. metabol. Res. 21, 338-340 (1989)

パラチノースの長期摂取により内臓脂肪面積が減少

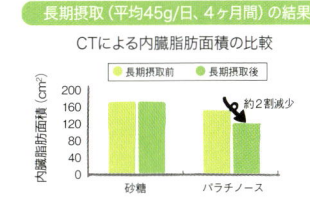

長期摂取（平均45g/日、4ヶ月間）の結果
CTによる内臓脂肪面積の比較

約2割減少

Clinical and Experimental Pharmacology and Physiology 34, S5-S7 (2007)

塩分と脂質に注意しましょう

調理のときに使う調味料で控えめにしたほうがよいものは、塩です。
そして油もどんな油なら体に負担が少ないか考えましょう。

塩分カットを心がける

塩分のとりすぎは高血圧やむくみの原因に。
1日の適正摂取量は9gほど、高血圧が気になる人は6g未満が適正量ですが、日本人の平均的な摂取量は11〜12g。とりすぎの傾向にあります。

> 1日の
> 適正摂取量は
> **9g未満**

● 塩分を減らす方法

- こしょうや七味唐辛子など、スパイスを使うことで味にアクセントをつける。
- しそ、ねぎ、みつばなど、香味野菜をふんだんに使うことで、味にメリハリをつける。
- 余分なナトリウム（塩分）を排出してくれる働きのある「カリウム」や、「マグネシウム」を多く含む食品をとる。

    カリウムを多く含む食品：野菜・果実・いも類など
    マグネシウムを多く含む食品：ナッツや海藻など

調理の油は常温で固まらないものを使う

油っこい料理を好む人には肥満が多い傾向にあります。油の使い方には気を遣いたいものです。
「あぶら」には常温で液体のあぶら（油）と固体のあぶら（脂）の2種類があります。これらをまとめて油脂と呼んでいます。
調理にはできるだけ液体のあぶら（油）を使うようにしましょう。

液体の油 ＝ 不飽和脂肪酸
オリーブ油、菜種油、ごま油、大豆油など植物性の油は、常温で固まらない油です。
不飽和脂肪酸であるこれらの油は、コレステロール値を下げる効果があります。
調理に使う油ではありませんが、魚油も同じく不飽和脂肪酸。イワシやアジなど青魚の魚油には、「DHA（ドコサヘキサエン酸）」や「EPA（エイコサペンタエン酸）」などが含まれ、悪玉コレステロールや中性脂肪の値を下げる作用があります。血液サラサラ効果があり、医薬品にもなっています。

固体の脂 ＝ 飽和脂肪酸
常温状態で固まる脂は、飽和脂肪酸。ラード、ヘッド、バター、マーガリン、ショートニングなど動物性の脂があてはまります。
体内で分解されにくく、過剰に摂取するとコレステロール値を上げ、動脈硬化、肥満、糖尿病をまねく可能性があります。

世界から肥満をなくす！

「タニタの社員食堂」は、満足感があって、食べているうちに自然と太りにくい体になると、社員の間で大評判。それが、さまざまなメディアで紹介され、タニタ式の食事は無理せず、ガマンせず、ダイエットできる、病気と無縁な体になれる、と絶大な支持を得るようになりました。その「タニタの社員食堂」の考え方のベースとなっているのが、タニタのドクター、池田義雄が所長を務める「タニタ体重科学研究所」です。

タニタ体重科学研究所

タニタは「健康をはかる」という理念のもと、体重だけでなく、体脂肪率、内臓脂肪、筋肉量、推定骨量、基礎代謝量などを計る体組成計を開発しています。

体重科学研究所は、肥満を科学し、過剰な体脂肪の蓄積の予防を目的に1990年に設立されました。

体重と体脂肪についての情報を集め、研究を統合。体組成計の開発と、健康レシピの開発、その両面から、体重管理や脂肪のコントロールに貢献しています。

ベストウェイトセンター

「タニタ体重科学研究所」とともに立ち上げられたのが、ベストウェイトセンター。

地域住民や肥満解消を希望する方々を会員に迎え、検診を行い、肥満の状態を把握。食生活の提言、運動指導、メンタル面でのサポートと、広範囲に及ぶ肥満予防と治療を実施してきました。のべ5200人の減量指導のうち、58％の方の減量成功をサポートしています。

タニタの社員による健康プロジェクトの成果
平均体重変化率

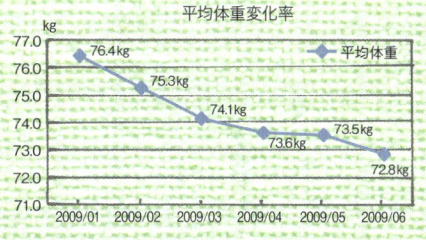

- 2009/01: 76.4kg
- 2009/02: 75.3kg
- 2009/03: 74.1kg
- 2009/04: 73.6kg
- 2009/05: 73.5kg
- 2009/06: 72.8kg

肥満を科学し、肥満をなくすための活動

● 城北肥満研究会

体重科学研究所がバックアップする研究会に「城北肥満研究会」があります。
ここは東京・城北地区のドクターをはじめ健康管理に従事される方々が集まり肥満に関連する最新の情報交換の場となっています。ここでは講演会やセミナーをすでに40回以上開催しています。

● 公益信託タニタ健康体重基金

現在タニタでは、肥満研究をされている内外のドクターにむけて、公募による助成制度（1件50〜100万円）を実施しています。

食物繊維を多く含んだ食材

食物繊維は、豆、穀類、野菜、きのこ、海藻等に多く含まれます。

食物繊維は1日20g必要

食物繊維総量の多い食品ベスト32
(水分が40%以上の食品で100g中)

1. ゆでいんげん豆 13.3g
2. ゆであずき 11.8g
3. ゆでひよこ豆 11.6g
- おから 11.5g
- エシャロット 11.4g
- しその実 8.9g
- 中国ぐり 8.5g
- よもぎ 7.8g
- ゆでえんどう豆 7.7g
- ゆで紅花いんげん 7.6g
- しそ 7.3g
- ゆでとんぶり 7.1g
- ゆで大豆 7.0g
- ゆずの果皮 6.9g
- こしあん 6.8g
- こんぶつくだ煮 6.8g
- パセリ 6.8g
- ゆでつくし 6.7g
- 納豆 6.7g
- 日本ぐり 6.6g
- 豆みそ 6.5g
- 麦みそ 6.3g
- ゆでごぼう 6.1g
- ゆでゆりね 6.0g
- 冷凍グリンピース 5.9g
- モロヘイヤ 5.9g
- うずら豆 5.9g
- ひきわり納豆 5.9g
- にんにく 5.7g
- あしたば 5.6g
- 米みそ/甘みそ 5.6g
- アボカド 5.3g

(水分40%未満の食品)ベスト8

食品	値	食品	値
きくらげ(乾)	57.4	干ししいたけ	41.0
せん茶の茶葉	46.5	あおのり(乾)	38.5
とうがらし(乾)	46.4	抹茶	38.5
干しひじき	43.3	カレー粉	36.9

スローカロリープロジェクト賛同商品

●スローカロリープロジェクト

スローカロリープロジェクトとは、食事をゆっくり吸収させて、「元気で太りにくい健康な体を創る」を目標とする活動のこと。スローカロリーに興味を持った企業・団体が一緒になって、スローカロリーを広めるための活動をしています。
http://www.slowcalorie.com/

SLOWBAR（ブルボン）

時間がないときにも、さっと手軽に食べられて、おいしくコバラを満たしながら、必要な栄養素も補給できる「腹持ち感」にこだわった栄養調整食品。
http://www.bourbon.co.jp/slowbar/gallery/

すぐに試せるパラチノース使用食品

ゆっくり消化吸収する特性を持つ甘味料パラチノース（詳しくはP15）を使用した商品です。実はすでに市販のお菓子や飲料に使用されています。試してみてはいかがでしょうか？

ミルミル（ヤクルト）

生きて大腸に届くビフィズス菌を、1本（100ml）に100億個以上含んだ、飲むタイプのヨーグルト。飲みやすいミルク風味に仕上げている。
http://www.yakult.co.jp/products/item0163.html

スローカロリー料理を
おいしくつくるコツ

主菜

　メイン料理によく使う食材、肉や魚に食物繊維はゼロです。

　野菜を「つけあわせ」や「あんかけ」に使うことで、食物繊維を十分摂取できるようになります。

　あんかけは、メインの食材をボリュームアップさせるのにも効果的。肉が少量でも、食べたときに満足感が得られます。

　揚げ物の場合は、高野豆腐をすりおろしてパン粉代わりにしたり、小麦粉の代わりに粉末のおからを使うと、食物繊維の量を増量することができます。

ごはんや麺類

　白米に玄米や胚芽米、押し麦や雑穀などを少し混ぜて炊くとよいでしょう。たけのこやひじきを加えた炊き込みごはんやまぜごはんもおすすめです。ごはんと一緒に食物繊維をとることができる上に、具が加わることで、ごはんそのものの食べる量を減らすことができます。

　麺はうどんやラーメンよりそばの方が、食物繊維が豊富です。小麦粉の含有量が少ない二八そばや十割そばなら、なおさらです。パスタなら全粒粉パスタを選ぶようにしてはいかがでしょう。

副菜

　サイドメニューの献立は、主菜に足りない栄養を補うように2品ほどを組み合わせると理想的です。煮ものやおひたし、酢のもの、サラダなどが一般的ですが、冷蔵庫で2〜3日ストックできるひじきやおから、こんにゃくなど、食物繊維が豊富な食材で、常備菜を作っておくと便利です。素材の切り方を大きくするなどで、食べごたえのある料理にするのもポイントです。

汁もの

　献立のなかに1品、汁ものを加えるようにしましょう。
　具だくさんの汁ものは、まんぷく感をもたせるのに欠かせないアイテム。具には根菜類を入れましょう。噛みごたえがあり、食物繊維が豊富な一品となります。

デザート・おやつ

　小麦粉を使うお菓子よりも、クリームチーズのムースや、ゼリーのほうがおすすめです。甘みは体内への吸収がおだやかな「パラチノース」が入っている、スローカロリーシュガーを利用するとよいでしょう。
　ケーキやクッキーなどの焼き菓子を作るなら、全粒粉を利用したり、おからをまぜて小麦粉の分量を減らす工夫をしてみてはいかがでしょう。

この本の使い方とルール

❖ ごはんについて

- ごはんはお茶碗に軽く1杯の100g（168kcal、塩分0.0g、食物繊維0.3g）、丼ものは150gを基本としています。

- 白米だけでなく、玄米、雑穀米なども利用しています。

  白　米：ぬか層と胚芽を除いて精米したもの。

  玄　米：ぬか層と胚芽あり。ミネラル、食物繊維が豊富。噛みごたえもある。

  雑穀米：白米に玄米、粟、ひえ、きび、ハトムギ、大麦、黒米、赤米など数種類の雑穀を混ぜたもの。配合によって異なるが、ビタミンEやミネラル、食物繊維が豊富。

ふっくらよそう

● 茶碗は小さめ
100g
168kcal

❖ 材料について

- 鶏肉は皮を除いて使用します。
  鶏もも肉は100gあたり、約200kcalですが、皮はそのうちの約84kcalをしめています。皮を取るだけでカロリーを40％カットすることができます。

- 野菜の分量は、作りやすいように、なるべく1束、1枚、1個などの表記を入れるようにしました。

- デザートの甘味には、血糖値の上昇をゆるやかにする「スローカロリーシュガー」を使用しています。デザート以外でも、レシピのなかの砂糖を「スローカロリーシュガー」に代えると、よりヘルシーになります。分量は砂糖と同量を基本とし、必要に応じて調節してください。

- 水溶き片栗粉は、片栗粉小さじ1＋水小さじ1の割合を基本としています。とろみをつけるためのものなので、加減しながら使ってください。

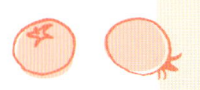

✤ だしについて

だし汁は昆布とかつお節でとることをおすすめします。
だしがしっかりとれていると、うまみがあり、塩分少なめでもおいしくいただけます。
市販の粉末だしを使う際は、塩分が多めにならないよう注意しましょう。

✤ 塩について

レシピの中の「塩少々」は0.3gです。「塩少々」は親指と人指し指でつまんだ量で、一般的には0.3～0.5gくらいの量のことをいいます。塩分控えめにするため、小さくつまむように心がけましょう。

✤ スープについて

市販の顆粒（または固形）のコンソメを、商品が提示する分量で湯に溶かし、使用します。

✤ 中華スープについて

市販の鶏ガラスープの素や中華だしの素を、商品が提示する分量で湯に溶かし、使用します。

✤ 調理について

電子レンジでの調理は600Wでの加熱時間を基本としています。

✤ 作り方について

野菜やフルーツの「洗う」「皮をむく」「ヘタをとる」「種をとる」「芯をとる」、きのこの「石づきをとる」などの下ごしらえを省略しています。

この本の見方

まんぷく感、満足感があるのに、食べているうちに自然にやせていく。
そんなスローカロリーな夕食の献立をご紹介します。
1日の食事のなかで、メインとなる夕食は、ともすれば重いものになりがち。
それにともなってカロリーや塩分もオーバーしてしまいます。
まずはカロリー、塩分、食物繊維量を気にかけることからはじめませんか？

655kcal
- 塩分 2.6g
- 食物繊維 **8.6g**
（1日必要量の43％）

体内でゆっくり消化吸収される
スローカロリーの献立には
献立全体と料理それぞれの
カロリー・塩分・食物繊維量を表示しています

1つの献立を全部食べて
500kcal前後

一般成人女性の1日の消費カロリーは平均2000kcalなので、1日3回食べるとして、1食600〜700kcalくらい。夕食を500〜600kcalにできれば、摂取カロリーが減って、自然に体重も落ちます。

1食の塩分量は
3〜4g程度

塩分の1日の適正摂取量は9g。1日のなかでメインの食事となる夕食は、おかずの数が多いので、塩分もやや多くとりがちになりますが、3.5g前後におさえるようにしたいものです。

食物繊維は
1食で6〜10g摂取

スローカロリーの要となる食物繊維。1日20g必要なので、1食で6〜10gとるのが目標です。

数値を目安に組み合わせをアレンジ

まずはこの献立を丸ごとマネしてみましょう。
慣れてきたら、料理の組み合わせを変えて、
オリジナルの献立を作ってみてはいかがでしょう。
そのとき、カロリー、塩分、食物繊維の数値を目安に
バランスを取りながら、組みあわせるようにします。

スローカロリーの献立料理

夕食を中心にした 24 種類の献立は

腹いっぱいで低カロリー

食物繊維もたっぷりだから

体は元気いっぱい

献立 1

ごぼう入りハンバーグ膳

- ごはん ● ごぼう入りハンバーグ ● アスパラガスとパプリカのソテー ● 白菜サラダ
- カリフラワーのカレースープ

655 kcal
● 塩分 2.6g
● 食物繊維 **8.5**g
（1日必要量の43%）

ごぼうを芯にして、ハンバーグの種でくるみ、ボリュームアップしました。
よく噛むことで、まんぷく中枢も刺激され、食べすぎを防止してくれます。
食物繊維はソテー、サラダ、スープでもたっぷりプラス。

ごぼう入りハンバーグ

306 kcal　塩分 **1.5g**　食物繊維 **3.6g**

材料　2人分

ごぼう…50g（小1/2本）
A　みりん…小さじ2
　　しょうゆ…小さじ1
　　だし汁…150ml
たまねぎ…1/4個
サラダ油…小さじ1
B　ひき肉（牛豚あいびき）…140g
　　塩・こしょう…各少々
　　溶きたまご…1/2個
　　パン粉…1/4カップ
C　ケチャップ…大さじ1
　　中濃ソース…大さじ1
ベビーリーフ…適宜

作り方

1. ごぼうは皮をむき、長さ6cm、たて4等分に切る。たまねぎはみじん切りにする。
2. 鍋に**A**と**1**のごぼうを入れ、12～13分煮る。
3. フライパンにサラダ油を熱し、たまねぎを炒める。
4. ボウルに**3**を入れ、冷めてから**B**を加え、よくまぜ8等分にする。
5. **4**を手のひらに広げ、中央に**2**のごぼうを2本並べて包み、フライパンで焼く。
6. 皿に盛り、**C**をまぜてかけ、ベビーリーフを添える。

アスパラガスとパプリカのソテー

32 kcal　塩分 **0.3g**　食物繊維 **1.0g**

材料　2人分

アスパラガス…2本
赤パプリカ…1/4個
黄パプリカ…1/4個
塩・こしょう…各少々
オリーブ油…小さじ1

作り方

1. アスパラガスをゆで、斜め切りにする。2色のパプリカはたてに幅5mmくらいに切る。
2. フライパンにオリーブ油を熱し、**1**を炒め、塩・こしょうで味つけする。

白菜サラダ

93 kcal　塩分 **0.0g**　食物繊維 **1.2g**

材料　2人分

白菜…100g（葉1枚）
りんご…1/4個
干しぶどう…10g
A　酢…小さじ2
　　オリーブ油…大さじ1
　　みりん…小さじ1/2
イタリアンパセリ…適宜

作り方

1. 白菜は1cm幅に切る。
2. りんごは厚さ5mmのいちょう切りにする。
3. **1**、**2**、干しぶどうを**A**で和える。
4. 器に盛り、イタリアンパセリを散らす。

カリフラワーのカレースープ

56 kcal　塩分 **0.8g**　食物繊維 **2.4g**

材料　2人分

たまねぎ…1/2個
カリフラワー…80g
オリーブ油…小さじ1
カレー粉…小さじ1
A　水…300ml
　　コンソメ顆粒…小さじ1
塩・こしょう…各少々
パセリ（みじん切り）…適宜

作り方

1. たまねぎは薄いくし形切りに、カリフラワーは小房にわける。
2. 鍋にオリーブ油とたまねぎを入れて炒め、しんなりしたらカレー粉を加えて炒め、**A**を加える。
3. たまねぎがやわらかくなったらカリフラワーを加え、塩・こしょうで調味する。
4. 器によそい、パセリを散らす。

献立 2

鮭のタンドリー焼き膳

- ごはん　　鮭のタンドリー焼き風　　長いもときのこのソテー
- レタスとクレソンのサラダ　　オクラと豆乳の冷たいスープ

500 kcal
- 塩分 3.0g
- 食物繊維 **6.5**g （1日必要量の32％）

カルシウムは意識して摂取しないと不足しがちですが、
スープに豆乳や乳製品を使うと、無理なく、おいしくとることができます。
カルシウムにはイライラを防ぐ働きがあり、メンタル面を支えてくれます。

鮭のタンドリー焼き風

102kcal 塩分 **0.6**g 食物繊維 **0.4**g

材料 2人分

生鮭…2切れ
A 塩…少々
　カレー粉…小さじ1
　プレーンヨーグルト…大さじ2

作り方

1. Aをまぜあわせて生鮭にぬり、30分くらいおく。
2. 1をグリルで焼く。

長いもときのこのソテー

75kcal 塩分 **0.9**g 食物繊維 **2.2**g

材料 2人分

長いも…100g（10cm）
しめじ…50g（1/2袋）
まいたけ…50g（1/2袋）
スナップエンドウ…4個
バター…小さじ2
しょうゆ…小さじ2

作り方

1. 長いもは皮をむき、一口大に切る。しめじ、まいたけは小房にわける。
2. スナップエンドウはさっとゆで、斜めに2等分に切る。
3. フライパンにバターと1を入れて炒め、しょうゆをまわし入れ、2を加えてひと炒めする。

レタスとクレソンのサラダ

71kcal 塩分 **0.5**g 食物繊維 **1.2**g

材料 2人分

レタス…150g（葉7～8枚）
クレソン…30g
A オリーブ油…大さじ1
　酢…大さじ2
　塩・こしょう…各少々

作り方

1. レタスは一口大にちぎり、クレソンは長さを半分に切る。
2. Aをまぜあわせ、1と和える。

オクラと豆乳の冷たいスープ

84kcal 塩分 **1.0**g 食物繊維 **2.4**g

材料 1人分

オクラ…5本
プチトマト…4個
らっきょう…2個
豆乳…150ml
みそ…小さじ2

作り方

1. オクラはゆでて冷水にとり、小口切りにする。
2. プチトマトは半分に切り、らっきょうはみじん切りにする。
3. 器にみそと少量の豆乳を入れ、みそを溶き、残りの豆乳でのばし、1、2を加える。

おいしい技

オクラの塩みがき

オクラには細い産毛があり、口にあたると不快なものです。手のひらに塩をとり、オクラをこすると産毛がとれます。そのままゆでて冷水にとれば、色も鮮やかに仕上がります。

献立 3

鶏肉のカレー煮込みセット
◼胚芽パン ◼鶏肉のカレー煮込み ◼水菜サラダ ◼りんごのハーブティー煮

485 kcal
塩分 2.7g
食物繊維 **7.5** g
（1日必要量の38%）

カレーは小麦粉と油で作るルーでとろみをつけますが、
このカレーはルーを使わず煮込むので、低カロリーに仕上がっています。
カロリーを抑えた分で、サラダやデザートが楽しめ、食物繊維量もアップ。

鶏肉のカレー煮込み

171 kcal
塩分 **1.6** g
食物繊維 **2.5** g

材料　2人分

鶏もも肉…160g
塩・こしょう…各少々
たまねぎ…1/2個
セロリ…50g（1/2本）
マッシュルーム…4個
カレー粉…小さじ2
A　にんにく（みじん切り）…1かけ
　　しょうが（みじん切り）…1かけ
　　オリーブ油…小さじ2
B　コンソメ顆粒…小さじ1
　　水…300ml

作り方

1. 鶏もも肉は皮をとり、3cm角に切り、塩・こしょうをふる。たまねぎは1cm幅のくし形切り、セロリは1cm幅の小口切り、マッシュルームは薄切りにする。
2. 鍋にAを入れて炒め、香りがたったらたまねぎ、セロリを加えて中火で炒め、しんなりしたらカレー粉を加え、よく炒める。
3. 2に1の鶏肉を加えて炒め、両面が焼けたらBとマッシュルームを加え、煮込む。

水菜サラダ

98 kcal
塩分 **0.6** g
食物繊維 **1.3** g

材料　2人分

水菜…80g
ラディッシュ…2個
ハム…2枚
A　酢…大さじ1
　　オリーブ油…小さじ2
　　粉チーズ…小さじ2

作り方

1. 水菜は3cmの長さに、ラディッシュは薄切り、ハムは1cm幅の短冊切りにする。
2. Aをボウルにあわせ、1を入れてざっくりまぜる。

りんごのハーブティー煮

110 kcal
塩分 **0.0** g
食物繊維 **1.5** g

材料　2人分

りんご…1個
A　カモミールティー…400ml
　　はちみつ…大さじ1
ヨーグルト…80g
ミントの葉…適宜

作り方

1. りんごは8等分に切り、芯をとる。
2. 鍋に1とAを入れ、やわらかくなるまで煮て冷ます。
3. ヨーグルトは茶こしに入れ、水分を切る。
4. 2を器に盛り、3をかけ、ミントの葉を飾る。

胚芽パン

106 kcal
塩分 **0.5** g
食物繊維 **2.2** g

材料　2人分

胚芽パン…2枚

知っとく情報

ハーブティーの効用

りんごを煮たカモミールティーは、ノンカフェインでヨーロッパで最も歴史のある民間薬として伝わるハーブティーです。りんごのようなやさしい甘い香りで、安眠、リラックスに効果があります。

献立 4

カツオの中華風刺身膳
ごはん　カツオの中華風刺身　麻婆大根　ちんげん菜のスープ　キウイフルーツ

578kcal
塩分 3.5g
食物繊維 **6.3**g
（1日必要量の32％）

カツオは低カロリーで、肝機能を高めるタウリンが豊富な魚です。
赤身に多いビタミンB12は、貧血予防に活躍してくれます。
麻婆大根は、肉の量が少なくても大根でまんぷく感が得られます。

カツオの中華風刺身

200 kcal 塩分 **1.4** g 食物繊維 **2.0** g

材料　2人分

カツオ…160g
水菜…80g
赤たまねぎ…1/4個
長ねぎ…10cm
A しょうゆ…小さじ2
　 酢…大さじ1
　 ザーサイ（粗みじん切り）…6g
　 ごま油…小さじ2

作り方

1. カツオは食べやすい大きさに切る。
2. 水菜は3cm長さに、赤たまねぎは薄切りにする。
3. 長ねぎはせん切りにし、水にさらし、白髪ねぎにする。
4. 皿に水菜と赤たまねぎをまぜて盛り、上にカツオを並べる。
5. Aをあわせ、4にまわしかけ、白髪ねぎの水気をしぼってのせる。

ちんげん菜のスープ

11 kcal 塩分 **1.0** g 食物繊維 **0.7** g

材料　2人分

ちんげん菜…120g（1株）
A 水…300ml
　 鶏ガラスープの素…小さじ1
　 しょうゆ…小さじ1
　 こしょう…少々

作り方

1. ちんげん菜は2cmくらいの長さに切る。
2. 鍋にAをわかし、1を入れ、しんなりしたら器によそう。

麻婆大根

178 kcal 塩分 **1.1** g 食物繊維 **2.3** g

材料　2人分

大根…200g（6〜7cm）
黄パプリカ…1/4個
ごま油…小さじ2
A にんにく（みじん切り）…1かけ
　 しょうが（みじん切り）…1かけ
　 長ねぎ（みじん切り）…5cm
豚ひき肉…80g
B しょうゆ…小さじ1/2
　 みそ…小さじ1
　 砂糖…小さじ1
　 豆板醤…少々
　 水…50ml
　 鶏ガラスープの素…小さじ1/2
水溶き片栗粉…小さじ2
香菜…適宜

作り方

1. 大根は皮をむき、1.5cm角に切り、ゆでる。
2. 黄パプリカは1cm角に切る。
3. フライパンにごま油とAを入れ、弱火で炒め、香りがたったら豚ひき肉とBを入れる。火が通ったら1と2を加えて煮立たせ、水溶き片栗粉でとろみをつける。
4. 器に盛り、香菜をあしらう。

キウイフルーツ

21 kcal 塩分 **0.0** g 食物繊維 **1.0** g

材料　2人分

キウイフルーツ…1個

ちょっと耳寄りな話

大根の選び方と保存方法

大根はずっしりと重く、葉の部分が鮮やかなものを買いましょう。保存するときは葉をつけたままだと、葉が大根の水分を吸ってしまうので、切り落とし、新聞紙で包んで冷蔵保存します。

献立 5
豚こま団子の黒酢煮膳

- ごはん
- 豚こま団子の黒酢煮
- 小松菜とちくわの食べるラー油和え
- 白菜とわかめの中華スープ
- オレンジ

578 kcal
- 塩分 4.0g
- 食物繊維 **6g**（1日必要量の30%）

週末、そろそろ疲れがたまる頃におすすめの献立です。
豚肉に含まれるビタミンB1や黒酢が、疲労回復に役立ちます。
カラフルなパプリカは、ビタミンCが豊富で食物繊維もたっぷり。

豚こま団子の黒酢煮

333 kcal
塩分 **1.9** g
食物繊維 **2.2** g

材料　2人分

豚こまぎれ肉…160g
A　ごま油…小さじ1
　　片栗粉…小さじ3
ゆでたけのこ…100g
赤・黄パプリカ…各1/4個
ピーマン…1/4個
サラダ油…小さじ2
B　砂糖…大さじ1
　　片栗粉…小さじ1
　　鶏ガラスープの素…小さじ1
　　黒酢…大さじ1
　　しょうゆ…大さじ1
　　水…100ml
　　ごま油…小さじ1

作り方

1. 豚こまぎれ肉とAをよくまぜあわせ、一口大の肉団子を作る。
2. ゆでたけのこは、穂先6cmくらいはたてに細く切り、根元は厚さ5mmのいちょう切りにする。ラップで包み電子レンジで1分加熱する。
3. 赤・黄パプリカとピーマンは乱切りにする。
4. Bをまぜあわせておく。
5. フライパンにサラダ油を熱し、1の肉団子をころがしながら焼き、火が通ったら2、3を加え、炒めあわせる。
6. 4を5に加えて炒め、とろみが出たら器に盛る。

おいしい技

葉物野菜は加熱料理に

白菜やキャベツは、少人数の家族では1/4カットを買っても、なかなか使い切れないことも。スープ、鍋など加熱する料理に使うとかさが減り、たっぷり食べられて食物繊維も十分とれます。

小松菜とちくわの食べるラー油和え

44 kcal
塩分 **0.8** g
食物繊維 **1.4** g

材料　2人分

小松菜…150g（1/2束）
ちくわ…1本
A　しょうゆ…小さじ1
　　食べるラー油…小さじ1

作り方

1. 小松菜は熱湯でゆで、冷水にとり、水気をしぼり、3cmくらいの長さに切る。
2. ちくわは厚さ1cmの斜め切りにする。
3. 1と2をAで和える。

白菜とわかめの中華スープ

13 kcal
塩分 **1.3** g
食物繊維 **1.7** g

材料　2人分

白菜…100g（葉1枚）
わかめ…6g
A　水…300ml
　　鶏ガラスープの素…小さじ1
塩・こしょう…各少々

作り方

1. 白菜はざく切りにする。
2. 鍋にAをわかし、1を入れ、やわらかくなったらわかめを加え、塩・こしょうで味を調える。

オレンジ

20 kcal
塩分 **0.0** g
食物繊維 **0.4** g

材料　2人分

オレンジ…1個

献立 6

さばの中華みそ煮膳

- ごはん　さばの中華みそ煮　たけのことこんにゃくのしょうが煮
- エリンギとほうれん草の中華炒め　にらとたまごのすまし汁

519 kcal
塩分 4.2g
食物繊維 **8.5g**
（1日必要量の42.5%）

煮ものの定番食材のたけのこ、にんじんなどの根菜類にはカリウムが豊富。
カリウムには塩分を体外に排出する作用があるので、
副菜として組みあわせれば、むくみや高血圧の予防に効果的です。

さばの中華みそ煮

194 kcal
塩分 **1.5** g
食物繊維 **0.6** g

材料　2人分

さば…2切れ

A　水…100ml
　　鶏ガラスープの素…小さじ1/2

B　砂糖…小さじ2
　　しょうが（薄切り）…1枚
　　テンメンジャン…小さじ2
　　みそ…大さじ1/2

ごま油…小さじ1
長ねぎ…20cm

作り方

1. さばは皮に十字の切り目を入れる。
2. 鍋にAをわかし、さばを入れ約5分煮る。
3. Bを加え、ときどき煮汁をまわしかけながら約15分煮て、ごま油を加える。
4. 長ねぎを6等分に切り、フライパンで焼く。
5. 器に3、4を盛る。

たけのことこんにゃくのしょうが煮

53 kcal
塩分 **1.1** g
食物繊維 **4.4** g

材料　2人分

たけのこ（水煮）…100g
にんじん…60g（6cm）
しいたけ…4枚
こんにゃく…1/2枚
さやえんどう…4枚

A　だし汁…300ml
　　しょうが（すりおろし）…1かけ
　　砂糖…小さじ2
　　しょうゆ…小さじ2

作り方

1. たけのこは一口大に、にんじんは乱切りに、しいたけは半分に切る。
2. こんにゃくはゆでてアク抜きをし、乱切りにする。
3. 鍋にA、1、2を入れ、やわらかくなるまで煮る。
4. 器に盛り、さっとゆでたさやえんどうを飾る。

エリンギとほうれん草の中華炒め

60 kcal
塩分 **0.6** g
食物繊維 **2.9** g

材料　2人分

ほうれん草…150g（1/2束）
エリンギ…1本

A　ごま油…小さじ2
　　長ねぎ（みじん切り）…5cm
　　しょうが（みじん切り）…小1かけ

B　鶏ガラスープの素…小さじ1/2
　　塩・こしょう…各少々

作り方

1. ほうれん草はゆでて冷水にとり、水気をしぼり3cmくらいの長さに切る。
2. エリンギは薄切りにして半分の長さに切る。
3. フライパンにAを入れて炒め、香りがたったら1、2、Bを加えて炒める。

にらとたまごのすまし汁

44 kcal
塩分 **1.0** g
食物繊維 **0.3** g

材料　2人分

溶きたまご…1個分
にら…1/4束
だし汁…300ml
塩・こしょう…適宜

作り方

1. にらは3cmくらいの長さに切る。
2. 鍋にだし汁をわかし、塩・こしょうで味を調えたら、1と溶きたまごを加える。

知っとく情報

青菜は油炒めで簡単な一品に

ほうれん草や小松菜などの緑黄色野菜に含まれるビタミンは、油と一緒に調理すると、効率よく栄養を体のなかに取り込めます。あと一品欲しいとき、ちょっと余った青菜を使いまわして、手軽に作る油炒めがおすすめです。

献立 7

かじきまぐろと野菜の焼きびたし膳

- ごはん ■ かじきまぐろと野菜の焼きびたし ■ ブロッコリーのマスタードソース
- なすとえのきだけのみそ汁

557 kcal
● 塩分 2.3g
● 食物繊維 **8.5g**
（1日必要量の43%）

ボリュームがあり、味もしっかりとしているのに、
塩分少なめのメニューです。
魚は薄く小麦粉をつけて、
焼いてから調味料につけると表面に味がしみ込み、
味の物足りなさを感じさせません。
マスタードの和えものも低塩分です。

かじきまぐろと野菜の焼きびたし

291 kcal
塩分 **0.7**g
食物繊維 **3.6**g

材料　2人分

かじきまぐろ…2切れ
片栗粉…大さじ1
サラダ油…大さじ1
かぶ…1個
かぼちゃ…40g
アスパラガス…4本
マッシュルーム…2個
赤パプリカ…1/4個
サラダ油…小さじ2
A｜砂糖…小さじ2
　｜しょうゆ…小さじ2
　｜酢…小さじ2
　｜みりん…小さじ1

作り方

1. かじきまぐろは2つに切り、片栗粉をまぶす。
2. かぶは半分に、アスパラガスは半分くらいの長さに、マッシュルームはたて半分に、赤パプリカは乱切りに、かぼちゃは5mm幅の薄切りにする。
3. **A**をあわせておく。
4. フライパンにサラダ油大さじ1を熱して**1**を焼き、**3**にひたし、皿に盛る。
5. フライパンにサラダ油小さじ2を熱して**2**を焼き、**3**にひたし、皿に盛る。

ブロッコリーのマスタードソース

62 kcal
塩分 **0.3**g
食物繊維 **2.2**g

材料　2人分

ブロッコリー…100g
A｜マヨネーズ…大さじ1
　｜粒マスタード…小さじ1

作り方

1. ブロッコリーは小房に分け、ゆでて器に盛る。
2. **A**をまぜあわせ、**1**にかける。

なすとえのきだけのみそ汁

36 kcal
塩分 **1.3**g
食物繊維 **2.4**g

材料　2人分

なす…1本
えのきだけ…50g（1/2袋）
だし汁…300ml
みそ…大さじ1
細ねぎ（小口切り）…少々

作り方

1. なすは一口大に切る。えのきだけは半分の長さに切ってほぐす。
2. 鍋にだし汁をわかし、**1**を入れる。ひと煮立ちしたらみそを溶き入れる。
3. お椀にそそぎ、細ねぎを散らす。

おいしい技

和えものにマスタードソースを

酸味と辛みがまじりあい複雑な味わいのマスタードは、塩分、カロリーとも低めの調味料。マスタードソースは、ブロッコリーだけでなく、カリフラワー、アスパラガス、にんじんなどと和えて、おいしくいただけます。

献立 8

焼き肉膳
ごはん　焼き肉　きくらげと赤パプリカのナムル　豆腐とたまごのしょうがスープ

541 kcal
塩分 3.8g
食物繊維 **6.9** g
（1日必要量の35%）

韓国風の焼き肉は、キムチや生野菜を、サンチュで包んで食べるので肉が少なくてもボリュームがあり、まんぷく感が出ます。
ビタミンDが豊富でカルシウムの吸収に有効なきくらげを副菜にしました。

焼き肉

268 kcal
塩分 **2.3** g
食物繊維 **3.0** g

材料　2人分

豚薄切り肉…8枚
A しょうゆ…小さじ2
　みりん…小さじ2
しいたけ…4枚
えのきだけ…50g（1/2袋）
サラダ油…適量
キムチ…80g
サンチュ…適宜
細ねぎ…適宜
B（タレ）
　コチジャン…大さじ1
　みそ…大さじ1/2
　砂糖…小さじ1/2
　ごま油…小さじ1
　にんにく（すりおろし）…小さじ1/2
　白ごま…　適宜

作り方

1. ポリ袋に豚肉とAを入れ、15分おく。
2. Bをまぜあわせてタレを作る。
3. 細ねぎは8cmの長さに、しいたけは半分に切り、えのきだけは小房にわける。
4. フライパンにサラダ油を熱し、1の豚肉、3のしいたけ、えのきだけを焼く。
5. サンチュに4、細ねぎ、キムチなどをのせて包み、2のタレをつけて食べる。

おいしい技

にんにくにひと手間かけて

焼き肉のタレに使うにんにくは、薄皮ごと電子レンジで20〜30秒加熱すると、独特のにおいを和らげながら、にんにくの食欲をそそる風味を残すことができます。強烈なにおいが苦手な人は、ぜひお試しください。

きくらげと赤パプリカのナムル

40 kcal
塩分 **0.6** g
食物繊維 **3.3** g

材料　2人分

きくらげ…10g
赤パプリカ…1/4個
A 長ねぎ（みじん切り）…5cm
　しょうゆ…小さじ1
　塩…少々
　ごま油…小さじ1
　白ごま…小さじ1/2

作り方

1. きくらげは水でもどし、水気をしぼる。
2. 赤パプリカはゆでて細切りにする。
3. Aをあわせ、1、2を和える。

豆腐とたまごのしょうがスープ

65 kcal
塩分 **0.9** g
食物繊維 **0.3** g

材料　2人分

絹豆腐…1/4丁
A しょうが（せん切り）…1/2かけ
　水…250ml
　鶏ガラスープの素…小さじ1
　しょうゆ…小さじ1
溶きたまご…1個分
細ねぎ（斜め切り）…適量

作り方

1. 絹豆腐は食べやすい大きさに切る。
2. 鍋にAを入れ、沸騰したら、豆腐を加えてひと煮する。
3. 溶きたまごをまわし入れ、器にそそぎ、細ねぎを散らす。

献立 9

まぐろと長いものピリ辛丼セット

- まぐろと長いものピリ辛丼　　さつまいものレモン煮　　小松菜のソテー
- しじみのみそ汁

626 kcal
- 塩分 3.0g
- 食物繊維 **6.2**g
（1日必要量の31%）

まぐろととろろの黄金コンビの丼です。丼を食べるときは、野菜が不足しがち。
小鉢に緑黄色野菜の小松菜をプラスすれば、
ビタミン、ミネラルがとれ、彩りも豊かな食卓になります。

まぐろと長いものピリ辛丼

422 kcal　塩分 1.0g　食物繊維 1.1g

材料　2人分

まぐろ（ぶつ切り）…150g
長いも…50g（5cm）
ごはん…300g
A　しょうゆ…小さじ2
　　ごま油…小さじ2
　　コチュジャン…小さじ1/2
　　酢…小さじ2
　　長ねぎ（みじん切り）…5cm
しょうが（すりおろし）…適宜
青のり…適量
白ごま…適量

作り方

1. 長いもは皮をむき、細切りにする。
2. 丼にごはんを盛り、長いも、まぐろをのせる。
3. Aをよくまぜて、丼にまわしかけ、しょうが、青のり、白ごまを散らす。

さつまいものレモン煮

93 kcal　塩分 0.1g　食物繊維 1.4g

材料　2人分

さつまいも…120g
A　レモン汁…小さじ1
　　水…300ml
　　スローカロリーシュガー…小さじ2
　　塩…少々

作り方

1. さつまいもは1.5cm幅の輪切り、または半月切りにする。
2. 鍋に1とAを入れ、やわらかくなるまで煮る。

小松菜のソテー

87 kcal　塩分 0.8g　食物繊維 3.1g

材料　2人分

小松菜…150g（1/2束）
エリンギ…2本
ハム…2枚
オリーブ油…小さじ2
塩・こしょう…各少々

作り方

1. 小松菜は5cmくらいの長さに、エリンギはたてに薄切りにして長さを半分に切る。ハムは1cm幅の短冊切りにする。
2. フライパンにオリーブ油を熱し、小松菜とエリンギを炒め、かさが減ったらハムを加えて炒めあわせ、塩・こしょうで味を調える。

しじみのみそ汁

24 kcal　塩分 1.1g　食物繊維 0.6g

材料　2人分

しじみ…100g
水…300ml
みそ…大さじ1
みつば…適量

作り方

1. しじみは水（分量外）にひたし、砂抜きしておく。
2. 鍋に1と水を入れて煮、しじみが開いたら、みそを溶き入れる。
3. お椀にそそぎ、みつばをあしらう。

知っとく情報

しじみは冷凍で栄養アップ

しじみは砂抜きして保存袋に入れ、冷凍保存がおすすめ。肝機能を高めるオルニチンは冷凍することで4倍以上に増えるとともに、うまみ成分も冷凍することで増えます。凍ったまま水や湯に入れて調理できます。

献立 10

牛肉の野菜巻きとパスタのセット

- 牛肉の野菜巻き
- トマトのサラダ
- キャベツとベーコンのパスタ
- ブロッコリーのコンソメスープ

604 kcal
- 塩分 3.6g
- 食物繊維 **6.8g**
（1日必要量の34%）

薄切り肉をそのまま焼いて食べると一瞬でペロリですが、野菜を芯に巻くことで見た目も食べごたえもアップ。パスタは野菜を一緒にゆでて加えることで、パスタの分量を減らし、カロリーを通常の半分にしました。

牛肉の野菜巻き

184 kcal 塩分 **1.2**g 食物繊維 **1.1**g

材料　2人分

- 牛もも薄切り肉…120g（2枚）
- 塩・こしょう…各少々
- ピーマン…1個
- 赤パプリカ…1/4個
- えのきだけ…45g（1/4袋）
- A しょうゆ…小さじ2
  スローカロリーシュガー…小さじ1
- サラダ油…小さじ2
- 水菜…適宜

作り方

1. ピーマン、赤パプリカは細切りにする。えのきだけはほぐす。
2. まな板にラップを敷き、牛肉を広げ、塩・こしょうをふり、**1**を巻く。
3. フライパンにサラダ油を熱し、**3**の巻き終わりを下にして焼きはじめ、全体を焼いたら、**A**をからめる。
4. **3**の1本を3等分に切って皿に盛り、フライパンに残ったソースをかけ、3〜4cmの長さに切った水菜を添える。

ブロッコリーのコンソメスープ

39 kcal 塩分 **0.8**g 食物繊維 **1.5**g

材料　2人分

- たまねぎ…1/2個
- ブロッコリー…60g
- オリーブ油…小さじ1
- A 水…300ml
  コンソメ顆粒…小さじ1
- 塩・こしょう…各少々

作り方

1. たまねぎは薄切りにする。
2. ブロッコリーは小房にわけておく。
3. 鍋にオリーブ油と**1**を入れて炒め、しんなりしたら**A**を加える。
4. たまねぎがやわらかくなったら**2**を加えて煮、塩・こしょうで味を調える。

キャベツとベーコンのパスタ

320 kcal 塩分 **1.3**g 食物繊維 **2.4**g

材料　2人分

- パスタ（全粒粉）…100g
- キャベツ…2枚
- ベーコン…2枚
- A にんにく（みじん切り）…1かけ
  赤とうがらし（輪切り）…少々
- オリーブ油…大さじ1
- 塩・こしょう…各少々

作り方

1. キャベツはざく切りにする。ベーコンは2cm幅に切る。
2. 1ℓの湯に塩10g（分量外）を入れ、パスタをゆでる。ゆで上がり3分前にキャベツを加え、ざるで水気を切る。
3. フライパンにオリーブ油を入れ、**A**とベーコンを加え弱火で炒め、**2**を加え、塩・こしょうで味を調え、皿に盛る。

トマトのサラダ

61 kcal 塩分 **0.3**g 食物繊維 **1.8**g

材料　2人分

- ベビーリーフ…100g
- トマト…1個
- A オリーブ油…小さじ2
  酢…大さじ2
  塩・こしょう…各少々

作り方

1. 水菜は3cmくらいの長さに切り、ベビーリーフとともに器に盛る。
2. トマトはくし形に切り、**1**の器に盛り、**A**をあわせて、まわしかける。

知っとく情報

パスタは全粒粉がおすすめ

パスタが食べたくなったら、ふすまや胚芽がついたままの小麦から作った全粒粉パスタがおすすめ。消化吸収がゆっくりなので、腹持ちが長くなります。デパートやオーガニックの専門店、インターネットなどで購入できます。

献立 11 鮭と野菜の蒸し焼き膳

ごはん　鮭と野菜の蒸し焼き　ポテトサラダ　かぶと油揚げのみそ汁

594 kcal
塩分 3.9g
食物繊維 **6.7g**
（1日必要量の34％）

鮭を野菜と一緒に、電子レンジで蒸し煮に。
みそを使わないチャンチャン焼きは、
野菜たっぷりで噛みごたえもアップ。
鮭は生鮭か、身にあまり塩がしみ込んでいない
「ふり塩鮭」を使いましょう。

鮭と野菜の蒸し焼き

212 kcal　塩分 **2.0**g　食物繊維 **3.2**g

材料　2人分

- ふり塩鮭…2切れ
- キャベツ…200g（葉4枚）
- たまねぎ…1/4個
- 黄パプリカ…1/8個
- しめじ…50g（1/2袋）
- 塩・こしょう…各少々
- バター…小さじ4

作り方

1. キャベツは1cmのざく切りに、たまねぎは薄切りに、黄パプリカはたてにせん切りにする。しめじは小房にわける。
2. 耐熱皿に**1**の野菜を敷き、塩・こしょうをふる。
3. **2**の上にふり塩鮭をのせ、バターを散らし、ラップをかけて電子レンジで7分加熱する。

ポテトサラダ

126 kcal　塩分 **0.6**g　食物繊維 **1.6**g

材料　2人分

- じゃがいも…140g（1個）
- にんじん…20g
- きゅうり…1/2本
- たまねぎ…小1/8個
- 塩…少々
- **A** マヨネーズ…大さじ1と1/2
  塩・こしょう…各少々

作り方

1. じゃがいもは皮をむき、一口大に切る。にんじんは5mm厚さのいちょう切りにする。
2. **1**をやわらかくゆで、水気を切る。
3. きゅうりは小口切りに、たまねぎは薄いくし形に切る。それぞれ塩でもみ、水気をしぼる。
4. ボウルに**2**、**3**を入れ、**A**で調味する。

かぶと油揚げのみそ汁

88 kcal　塩分 **1.3**g　食物繊維 **1.6**g

材料　2人分

- かぶ…1個
- かぶの葉…40g
- 油揚げ…1枚
- だし汁…300ml
- みそ…大さじ1

作り方

1. かぶは一口大に切り、葉は長さ3cmに切る。
2. 油揚げは熱湯をかけ、短冊切りにする。
3. 鍋にだし汁、かぶ、油揚げを入れて煮る。やわらかくなったら、みそを溶き入れる。
4. かぶの葉を加え、ひと煮立ちしたら椀にそそぐ。

おいしい技

かぶの葉は緑黄色野菜として活用

今回みそ汁に使っているかぶ。葉っぱは緑黄色野菜として活用しましょう。カロテン、ビタミンC、鉄、カルシウム、カリウム、食物繊維が豊富。葉つきのかぶは、すぐに葉を切り落としたほうが鮮度を保つことができます。

献立 12

にらと牛肉のキムチ炒め膳

- ごはん
- にらと牛肉のキムチ炒め
- きゅうりともやしのナムル
- 焼きさつまいも
- わかめスープ

603 kcal
塩分 3.5g
食物繊維 **6.3g**
（1日必要量の32%）

キムチは乳酸菌発酵食品であるとともに、唐辛子の成分カプサイシンには脂肪燃焼効果があります。またスープに使うわかめには糖質代謝を促し、血糖値上昇を抑える働きのあるクロムが豊富に含まれています。

にらと牛肉のキムチ炒め

255 kcal
塩分 **1.5** g
食物繊維 **1.7** g

材料　2人分

牛肉（切り落とし）…150g
A　しょうゆ…小さじ2
　　長ねぎ（みじん切り）…10cm
ごま油…小さじ2
キムチ…50g
にら…1/2束

作り方

1. 牛肉とAをポリ袋に入れ、10分くらいおく。
2. にらは長さ5cmに、キムチは食べやすい大きさに切る。
3. フライパンにごま油を熱し、1とキムチを入れて炒め、最後ににらを加え、ひと炒めしたら皿に盛る。

きゅうりともやしのナムル

40 kcal
塩分 **1.0** g
食物繊維 **1.3** g

材料　2人分

きゅうり…1本
塩…少々
もやし…70g
A　長ねぎ（みじん切り）…5cm
　　しょうゆ…小さじ1
　　塩…少々
　　ごま油…小さじ1
　　白ごま…小さじ1/2

作り方

1. きゅうりは乱切りにして軽く塩をふる。
2. もやしはさっとゆで、水気をしぼる。
3. ボウルにAを入れてまぜ、1、2を加えて和える。

焼きさつまいも

95 kcal
塩分 **0.3** g
食物繊維 **1.7** g

材料　2人分

さつまいも…150g（1/3本）
ごま油…小さじ1
白ごま…適量
塩…少々

作り方

1. さつまいもは皮つきのまま1cmくらいの厚さの輪切りにする。耐熱皿に広げラップをかけ、電子レンジで2分加熱する。
2. フライパンにごま油を熱し、1を両面こんがり焼く。
3. 器に盛り、白ごまと塩をふる。

わかめスープ

45 kcal
塩分 **0.7** g
食物繊維 **1.3** g

材料　2人分

カットわかめ…6g
A　長ねぎ（みじん切り）…5cm
　　しょうが（みじん切り）…小1かけ
　　ごま油…小さじ2
B　水…300ml
　　鶏ガラスープの素…小さじ1/2
　　塩・こしょう…各少々

作り方

1. カットわかめは水（分量外）でもどし、水気をしぼる。
2. 鍋にAを入れ、香りがたつまで炒めたら、Bを加え、沸騰したら1を加える。

おいしい技

安い肉をおいしく食べる

お手頃価格の牛肉は、調理前にワインやサラダ油、セロリなどの野菜とマリネしてから調理すると風味がぐんとアップします。サシの入っていない赤身の肉も、ヘルシーにおいしくいただけます。

献立 13
さんまの塩焼き膳

- ごはん - さんまの塩焼き - わかめとラディッシュの酢のもの
- ちんげん菜と油揚げの煮びたし - 根菜のみそ汁

645 kcal
- 塩分 4.1g
- 食物繊維 **6.1g**
（1日必要量の31%）

魚の塩焼きは手軽でおいしいのですが、塩分が高くなりやすいメニューです。塩分を体外に出す働きのあるカリウムを多く含むわかめの酢のものを組みあわせました。根菜のみそ汁で食物繊維も忘れずにとります。

さんまの塩焼き

321 kcal
塩分 **1.0** g
食物繊維 **0.7** g

材料 2人分

さんま…2尾
塩…0.6g
大根…100g（3〜4cm）
しょうゆ…小さじ1

作り方

1. さんまに塩をふり、グリルで焼く。
2. **1**を皿に盛り、大根をすりおろして添える。
   ※食べるときに、大根おろしにしょうゆをかける。

わかめとラディッシュの酢のもの

31 kcal
塩分 **1.0** g
食物繊維 **1.7** g

材料 2人分

カットわかめ…5g
きゅうり…1本
塩…少々
ラディッシュ…5個
A しょうゆ…小さじ2
  砂糖…小さじ2
  酢…小さじ2

作り方

1. カットわかめは水でもどし、水気をしぼる。
2. きゅうりはたて半分に切り、斜め薄切りにし、塩でもみ、水気をしぼる。ラディッシュは4つ切りにする。
3. **1**、**2**を**A**で和える。

知っとく情報

焼き魚にしょうゆは少しだけ

焼き魚全体にしょうゆをかけると、どうしても塩分が高くなってしまいます。つけあわせの大根おろしに少しだけかけて食べるなど、しょうゆをできるだけ使わず、おいしく食べるようにしましょう。

ちんげん菜と油揚げの煮びたし

68 kcal
塩分 **0.8** g
食物繊維 **1.1** g

材料 2人分

ちんげん菜…100g（1株）
しいたけ…2個
油揚げ…1枚
A だし汁…100ml
  しょうゆ…小さじ1
  塩…少々

作り方

1. ちんげん菜は3cmの長さに切り、しいたけは4等分に切る。
2. 油揚げは熱湯をかけ、短冊切りにする。
3. 鍋に**A**としいたけを入れ、煮立ったらちんげん菜と油揚げを入れてさっと煮る。

根菜のみそ汁

57 kcal
塩分 **1.3** g
食物繊維 **2.3** g

材料 2人分

大根…60g（2〜3cm）
にんじん…30g（3cm）
れんこん…50g
たまねぎ…1/4個
だし汁…300ml
みそ…大さじ1
かいわれ大根…適宜

作り方

1. 大根、にんじん、れんこんは1cmの厚さのいちょう切りに、たまねぎは1cmの厚さのくし形切りにする。
2. 鍋に**1**とだし汁を入れ、中火で15〜20分煮る。
3. みそを溶き入れ、椀にそそぎ、かいわれ大根をあしらう。

献立 14 ハヤシライスセット

□ハヤシライス　□セロリとにんじんのサラダ　□フルーツヨーグルト

629 kcal
- 塩分 2.1g
- 食物繊維 **7.4** g
（1日必要量の37%）

ハヤシライスのごはんを、雑穀ごはんにして食物繊維をアップ。
牛肉には鉄分が豊富です。鉄分はビタミンCと一緒にとることで
吸収がよくなるので、デザートにフルーツを添えることをおすすめします。

ハヤシライス

485 kcal
塩分 **1.4** g
食物繊維 **4.1** g

材料　2人分

牛肉（切り落とし）…140g
たまねぎ…1/2個
サラダ油…小さじ2
小麦粉…小さじ4
A トマトの水煮缶…400g
　ウスターソース…小さじ1
　ケチャップ…小さじ4
　しょうゆ…小さじ1/2
　コンソメ顆粒…小さじ1
　ローリエ…1枚
パセリ（みじん切り）…適宜
雑穀ごはん…200g

作り方

1. 牛肉は食べやすい大きさに切る。たまねぎは薄切りにする。
2. フライパンにサラダ油を熱し、たまねぎを炒め、しんなりしたら小麦粉を加え、炒めあわせる。
3. 牛肉を加え、色が変わったらAを加えて煮込む。
4. 器に雑穀ごはんを盛り、**3**をかけ、パセリを散らす。

セロリとにんじんのサラダ

52 kcal
塩分 **0.6** g
食物繊維 **1.5** g

材料　2人分

セロリ…40g（10cm）
にんじん…1/2本
A スローカロリーシュガー…小さじ1
　レモン汁…小さじ1
　オリーブ油…小さじ1
　塩…少々
干しぶどう…適宜
イタリアンパセリ…適宜

作り方

1. セロリとにんじんはせん切りにする。
2. ボウルにAをあわせ、**1**を加えて和える。
3. 器に盛り、レーズンとイタリアンパセリを散らす。

フルーツヨーグルト

92 kcal
塩分 **0.1** g
食物繊維 **1.8** g

材料　2人分

りんご…1/2個
キウイフルーツ…1個
プレーンヨーグルト…200g
スローカロリーシュガー…小さじ2

作り方

1. りんごとキウイフルーツは1cm角に切り、2/3をプレーンヨーグルト、スローカロリーシュガーとまぜあわせ、器に盛る。
2. 残り1/3のりんごとキウイフルーツを、**1**の上に飾る。

おいしい技

たくさん作って保存すると便利

ハヤシライスやカレーなどの煮込み料理は一度にたくさん作るとおいしく作れます。翌日にはルーをのばしてスープにアレンジしても美味。保存袋に小わけにして冷凍保存すれば、忙しいときのお助けアイテムになります。

献立 15

鶏のから揚げ黒酢がらめ膳

- 雑穀ごはん
- 鶏のから揚げ黒酢がらめ
- かぼちゃの甘煮
- レタスとザーサイのスープ
- キウイフルーツ＆いちご

534kcal
- 塩分 3.8g
- 食物繊維 **6.5**g
（1日必要量の31%）

鶏もも肉は脂の多い皮を除いても、コクがあるのでダイエットにおすすめの食材。
酢を使って調味することで、薄味でもしっかり味がついているように感じられます。
酢には血糖上昇のピークを低く抑える効果もあります。

鶏のから揚げ黒酢がらめ

206 kcal　塩分 **1.3** g　食物繊維 **0.8** g

材料　2人分

鶏もも肉…180g
A　にんにく（すりおろす）…小さじ1
　　しょうが（しぼり汁）…小さじ1
　　しょうゆ…小さじ1
小麦粉…大さじ1
ピーマン…1/2個
赤パプリカ…1/2個
揚げ油…適宜
B　しょうゆ…小さじ2
　　砂糖…小さじ2
　　黒酢…小さじ2

作り方

1. 鶏もも肉は食べやすい大きさに切り、Aに30分つける。
2. ピーマン、赤パプリカは乱切りにする。
3. 1に小麦粉をまぶす。
4. 揚げ油を熱し2と3を揚げる。
5. ボウルにBをあわせ、4を入れてからめる。

かぼちゃの甘煮

92 kcal　塩分 **0.9** g　食物繊維 **2.8** g

材料　2人分

かぼちゃ…160g
A　だし汁…400ml
　　砂糖…小さじ2
　　しょうゆ…小さじ1と1/2

作り方

1. かぼちゃをひと口大に切り、Aでやわらかくなるまで煮る。

レタスとザーサイのスープ

36 kcal　塩分 **1.6** g　食物繊維 **1.1** g

材料　2人分

レタス…70g（葉4〜5枚）
ザーサイ（スライスびん詰め）…20g
長ねぎ…8cm
A　水…300ml
　　鶏ガラスープの素…小さじ1
　　しょうゆ…小さじ1
ごま油…小さじ1

作り方

1. レタスはざく切りに、ザーサイはせん切りにする。
2. 長ねぎはせん切りにし、水にひたし白髪ねぎにする。
3. 鍋にごま油とザーサイを入れ、軽く炒めたらAを入れ、煮立ったらレタスを加えて火を止める。
4. 器によそい、白髪ねぎの水気を切ってあしらう。

キウイフルーツ＆いちご

28 kcal　塩分 **0.0** g　食物繊維 **1.3** g

材料　2人分

キウイフルーツ…1個
いちご…大2個

※雑穀ごはんは100g172kcal、食物繊維0.5g

おいしい技

かぼちゃは熱を通しすぎない

かぼちゃは火が通りやすい食材なので、少し硬めかな、というときに火を止めると、形が崩れず、余熱で火が入ります。冷えていく段階で味がしみ込み、よりおいしくなるので、食べる直前より、前に作っておくのがおすすめ。

献立 16 ぶりの照り焼き膳

- ごはん
- ぶりの照り焼き
- ブロッコリーの磯辺和え
- かぶのゆず塩麹和え
- なめたけとみつばのすまし汁

563 kcal
- 塩分 2.9g
- 食物繊維 **6.7g**（1日必要量の26%）

おかずの王道というにふさわしいぶりの照り焼き。切り身に粉を薄くまぶして焼くとふっくらジューシーに。さらに少ない調味料でしっかり味がつきます。ぶりとともに、冬が旬のかぶを発酵食品の塩麹で和えて、季節感あふれる献立に。

ぶりの照り焼き

315 kcal　塩分 **1.0**g　食物繊維 **0.4**g

材料 2人分

- ぶり…2切れ
- セロリ…8cm
- 小麦粉…少々
- サラダ油…小さじ2
- A しょうゆ…小さじ2
  　みりん…大さじ1

作り方

1. ぶりに小麦粉をまぶす。セロリは長さ4cm、たて半分に切る。
2. フライパンにサラダ油を熱し、ぶりを両面焼いたら、セロリを加え、中火でふたをして蒸し焼きにする。
3. Aを2のフライパンに加え、全体にからめる。

ブロッコリーの磯辺和え

29 kcal　塩分 **0.5**g　食物繊維 **3.7**g

材料 2人分

- ブロッコリー…150g
- 焼きのり…1/3枚（大）
- しょうゆ…小さじ1

作り方

1. ブロッコリーを食べやすい大きさに切ってゆで、冷水にとり水気を切る。
2. 1を器に盛り、しょうゆをかけ、ちぎった焼きのりと和える。

かぶのゆず塩麹和え

22 kcal　塩分 **0.5**g　食物繊維 **1.5**g

材料 2人分

- かぶ…2個
- かぶの葉…40g
- 塩麹…大さじ1（かぶの重量の10%）
- ゆずの皮…少々

作り方

1. かぶの葉はさっとゆでて冷水にとり、2cmに切る。
2. かぶは皮をむき、薄いくし形切りにする。
3. 塩麹とゆずの皮、1、2を和える。

なめたけとみつばのすまし汁

29 kcal　塩分 **0.9**g　食物繊維 **0.8**g

材料 1人分

- なめたけ（びん詰め）…大さじ2
- 豆腐…1/4丁
- みつば…適宜
- A 熱湯…150ml
  　しょうゆ…小さじ2/3

作り方

1. 豆腐は半分に切る。みつばは2cmくらいの長さに切る。
2. 器になめたけ、豆腐を入れ、電子レンジで1分加熱する。
3. 2にAをそそぎ、みつばを散らす。

おいしい技

緑黄色野菜と焼きのりは名コンビ

焼きのりはおにぎりやお寿司に使うもの、というイメージですが、緑黄色野菜とあわせて和えものにすると香りも栄養バランスもアップ。今回はブロッコリーを使いましたが、ほうれん草、小松菜などでもおいしいですよ。

献立 17

揚げない酢豚膳

- ごはん ■ 揚げない酢豚 ■ トマトとちんげん菜のスープ
- たたききゅうりの塩昆布ラー油和え ■ ぶどう

578 kcal
- 塩分 2.8g
- 食物繊維 **6.4g**
（1日必要量の32%）

豚肉を揚げずに電子レンジで加熱することで、油の量が減り、通常より80〜100kcalカロリーオフに。ラー油を使ったピリ辛味の副菜も味にパンチがあるのに、22kcalと低カロリーです。

揚げない酢豚

312 kcal　塩分 **1.6** g　食物繊維 **0.9** g

材料 2人分

豚肉（酢豚用角切り）…140g
A しょうゆ…小さじ2
　酒…小さじ2
にんじん…20g（2〜3㎝）
たまねぎ…1/4個
ピーマン…1/2個
片栗粉…大さじ1
サラダ油…大さじ2
B 砂糖…大さじ1/2
　鶏ガラスープの素…小さじ1/3
　酢…大さじ1/2
　しょうゆ…大さじ1/2
　ケチャップ…大さじ1/2
　水…大さじ2

作り方

1. 豚肉とAをポリ袋に入れ、10分くらいおく。豚肉を取り出し、片栗粉をまぶす。
2. にんじんは5㎜の厚さのいちょう切りに、たまねぎは1㎝幅のくし形切りにする。耐熱皿に入れ、電子レンジで2分加熱する。
3. ピーマンは乱切りにする。
4. フライパンにサラダ油を熱し、**1**の豚肉を焼く。**2**と**B**を加え、炒めあわせる。
5. **3**を加えてさっと炒め、器に盛る。

おいしい技

手軽でおいしい「たたき野菜」

包丁もまな板も使わず、簡単にできるのが「たたき野菜」。きゅうりや長いもをポリ袋に入れ、空きビンの底などで軽くたたけば一口大に。袋の中で味つけでき、野菜の断面の凹凸に味がからみやすくなります。

トマトとちんげん菜のスープ

46 kcal　塩分 **0.6** g　食物繊維 **3.7** g

材料 2人分

トマト…1個
ちんげん菜…100g（1株）
長ねぎ（みじん切り）…5㎝
ごま油…小さじ1
糸寒天…6g
A 水…300ml
　コンソメ顆粒…小さじ1

作り方

1. トマトはざく切りに、ちんげん菜は3㎝くらいの長さに切る。
2. 鍋にごま油と長ねぎを入れ、軽く炒め、**A**とトマトを加える。
3. 煮立ったら糸寒天とちんげん菜を加え、ひと煮立ちさせる。

たたききゅうりの塩昆布ラー油和え

22 kcal　塩分 **0.6** g　食物繊維 **1.2** g

材料 2人分

きゅうり…1本
セロリ…15㎝
塩昆布…6g
ラー油…小さじ1/2

作り方

1. きゅうりはビンの底などでたたいて、食べやすい大きさにくだく。セロリは乱切りにする。
2. ボウルに**1**と塩昆布、ラー油を入れて和える。

ぶどう

30 kcal　塩分 **0.0** g　食物繊維 **0.3** g

材料 2人分

ぶどう…100g（10粒）

献立 18

たらのトマトソース煮膳

- ごはん
- たらのトマトソース煮
- しらすとかぼちゃのチーズ焼き
- もやしとハムのマスタードサラダ
- 青菜のみそ汁

584 *kcal*
- 塩分 4.0g
- 食物繊維 **9.7g**
（1日必要量の49%）

この1食で1日に必要な食物繊維の50%をクリアーできる献立です。
たらは白身魚でカロリーも低く、ダイエット中におすすめの食材。
トマトやかぼちゃ、青菜はカリウムが豊富で、塩分を体外に排出してくれます。

たらのトマトソース煮

176 kcal　塩分 **1.6**g　食物繊維 **4.6**g

材料　2人分

- たら…2切れ
- 塩・こしょう…各少々
- 小麦粉…適宜
- ブロッコリー…80g
- しめじ…50g（1/2袋）
- にんにく（みじん切り）…1かけ
- たまねぎ…1/4個
- オリーブ油…小さじ2
- A　トマトの水煮缶…200g
  - コンソメ顆粒…小さじ1/2

作り方

1. たらに塩・こしょうをふって小麦粉をまぶす。
2. ブロッコリーは小房にわけ、ゆでる。
3. たまねぎは粗みじん切りにし、しめじは小房にわける。
4. フライパンにオリーブ油、にんにく、たまねぎを入れ、弱火で炒め、香りがたったら1のたらをこんがり焼き、取り出す。
5. 4のフライパンにしめじとAを入れ、煮立ったら4のたらを戻し入れ、一煮する。
6. 皿に盛り、2を添える。

しらすとかぼちゃのチーズ焼き

134 kcal　塩分 **0.7**g　食物繊維 **2.6**g

材料　2人分

- かぼちゃ…150g
- しらす…大さじ1/2
- とけるスライスチーズ…2枚

作り方

1. かぼちゃは7mmくらいの厚さに切り、耐熱容器に入れてラップをかけ、電子レンジで5分加熱する。
2. 1にとけるスライスチーズをのせ、しらすを散らし、オーブントースターで焼き目がつくまで焼く。

もやしとハムのマスタードサラダ

72 kcal　塩分 **0.4**g　食物繊維 **0.8**g

材料　2人分

- もやし…150g
- ハム…1枚
- A　オリーブ油…大さじ1
  - 酢…小さじ1
  - 粒マスタード…小さじ1
- パセリ（みじん切り）…適宜

作り方

1. もやしはゆでて水気をしぼる。
2. ハムは半分に切り、1cm幅に切る。
3. Aをまぜ、1、2を和える。器に盛り、パセリを散らす。

青菜のみそ汁

34 kcal　塩分 **1.3**g　食物繊維 **1.4**g

材料　2人分

- 小松菜…50g
- たまねぎ…1/4個
- だし汁…300ml
- みそ…大さじ1

作り方

1. 小松菜は3cmくらいの長さに切る。たまねぎは薄切りにする。
2. 鍋にだし汁をわかし、たまねぎを入れ、火が通ったら小松菜とみそを加え、ひと煮立ちさせる。

知っとく情報

たまねぎは水にさらさないで

たまねぎは血液サラサラ効果があると有名ですが、水にさらすとその効果は減ってしまいます。サラダなど生で食べる場合は、切った後、しばらく空気にさらすと辛みは抜け、血液サラサラ効果もアップします。

献立 19 きのこの豚丼セット

- きのこの豚丼
- たこと切干大根の和サラダ
- ブロッコリーのごま和え
- 豆腐となめこのみそ汁

616 kcal
- 塩分 3.9g
- 食物繊維 **9.0g**（1日必要量の45%）

ガッツリ系の豚丼ですが、きのこを加えることで、肉の量をひかえめにしても具が増量できカロリーも抑えられます。食物繊維もばっちりとれます。副菜の切干大根も食物繊維が豊富。常備がきく便利食材なので出番を増やしましょう。

きのこの豚丼

467 kcal 塩分 **1.4**g
食物繊維 **2.8**g

材料　2人分

豚薄切り肉…150g
たまねぎ…1/4個
えのきだけ…50g（1/2袋）
しめじ…50g（1/2袋）
A　砂糖…小さじ2
　　みりん…小さじ2
　　しょうゆ…大さじ1
　　水…大さじ1
きざみのり…適宜
ごはん…200g

作り方

1. 豚肉は一口大に切る。たまねぎは薄切りにする。
2. しめじは小房にわけ、えのきだけは半分に切って、ほぐす。
3. 鍋にA、たまねぎを入れて加熱し、やわらかくなったら豚肉と2を加えて煮る。
4. 丼にごはんを盛り、3を入れきざみのりを散らす。

たこと切干大根の和サラダ

54 kcal 塩分 **0.7**g
食物繊維 **2.0**g

材料　2人分

切干大根…15g
きゅうり…1/2本
セロリ…20g（10cm）
たこ（足）…1本
A　砂糖…小さじ2
　　酢…小さじ2
　　塩…少々
　　薄口しょうゆ…小さじ1/2

作り方

1. 切干大根は水にひたしてもどし、流水で洗い、水気をしぼる。
2. きゅうりはせん切りに、セロリは小口切りに、たこは小さめの乱切りにする。
3. 鍋にAを入れて加熱し、砂糖、塩をとかす。
4. 1、2、3を和え、器に盛る。

ブロッコリーのごま和え

51 kcal 塩分 **0.5**g
食物繊維 **2.8**g

材料　2人分

ブロッコリー…100g
A　すりごま…大さじ1
　　砂糖…小さじ1
　　しょうゆ…小さじ1

作り方

1. ブロッコリーは小房にわけ、ゆでる。
2. ボウルにAをあわせ、1を加えて和える。

豆腐となめこのみそ汁

44 kcal 塩分 **1.3**g
食物繊維 **1.4**g

材料　2人分

豆腐…1/4丁
なめこ…50g
だし汁…300ml
みそ…大さじ1
細ねぎ（小口切り）…適宜

作り方

1. 豆腐は1cm角に切る。
2. なめこはざるに入れ、流水で洗う。
3. 鍋にだし汁をわかし、なめこ、みそ、豆腐を入れ、ひと煮立ちしたら椀にそそぎ、細ねぎを散らす。

知っとく情報

きのこ類は冷凍保存がおすすめ

しいたけ、まいたけ、しめじなどのきのこ類は冷凍するとうまみが凝縮され、よりおいしくなります。石づきを除き、小わけにしてラップで包み冷凍。凍ったまま使えるので、めんどうな解凍の手間いらずです。

献立 20

鮭のチーズ焼き膳

- ごはん ■鮭のチーズ焼き ■ピーマンの3色ソテー
- たたき長いもときゅうりの明太子和え ■キャベツのスープ

549 kcal
- 塩分 3.2g
- 食物繊維 **7.2**g（1日必要量の36％）

ピンクの鮭、赤・黄のパプリカと緑のピーマンのカラフルな食卓です。鮭のピンク色はアスタキサンチンという色素で、抗酸化力が強く、βカロテンの40倍、ビタミンEの500倍以上とか。免疫力アップに最強の献立です。

鮭のチーズ焼き

199 kcal　塩分 0.9g　食物繊維 0.4g

材料　2人分

- 生鮭…2切れ
- 塩・こしょう…各少々
- ズッキーニ…50g
- にんにく（輪切り）…1かけ
- オリーブ油…小さじ2
- ピザ用とけるチーズ…30g

作り方

1. 生鮭は骨をぬき、軽く塩をふる。
2. フライパンにオリーブ油を入れ、弱火でにんにくを焼き、取り出す。
3. フライパンに鮭、5mmの厚さの輪切りにしたズッキーニを入れて焼き、塩・こしょうで味つけし、耐熱皿に盛る。
4. ピザ用とけるチーズを上に散らし、オーブントースターでチーズがとけるまで焼き、2のにんにくをのせる。

ピーマンの3色ソテー

39 kcal　塩分 0.5g　食物繊維 1.2g

材料　2人分

- 赤パプリカ…1/2個
- 黄パプリカ…1/2個
- ピーマン…1個
- オリーブ油…小さじ1
- 塩・こしょう…各少々

作り方

1. 赤・黄パプリカ、ピーマンはせん切りにする。
2. フライパンにオリーブ油を熱し、1を入れて炒める。
3. 塩・こしょうで味つけをして器に盛る。

たたき長いもときゅうりの明太子和え

68 kcal　塩分 0.8g　食物繊維 1.3g

材料　2人分

- 長いも…70g（7cm）
- きゅうり…1本
- 明太子…20g
- めんつゆ…小さじ1

作り方

1. 長いもは皮をむく。きゅうりは半分に切る。
2. 1をポリ袋に入れ、ビンの底などを利用してたたき、一口大につぶす。
3. ほぐした明太子とめんつゆをあわせ、2に入れてまぜあわせ、器に盛る。

キャベツのスープ

75 kcal　塩分 1.0g　食物繊維 4.0g

材料　2人分

- キャベツ…150g（葉3枚）
- たまねぎ…1/4個
- ベーコン…1枚
- A｜コンソメ顆粒…小さじ1
- 　｜水…300ml
- 塩・こしょう…各少々
- 糸寒天…6g
- パセリ（みじん切り）…少々

作り方

1. キャベツはざく切りに、たまねぎは5mmの厚さのくし形切りにする。ベーコンは2cm幅に切る。
2. 鍋に1とAを入れ、やわらかくなるまで煮て、糸寒天を加え塩・こしょうで味つけする。
3. 器にそそぎ、パセリを散らす。

知っとく情報

山いもをかゆくならずにむく方法

長いも、里いもは皮をむくと手にぬめりがつき、かゆくなります。ボウルに酢をたらし、そこに手をひたしながら包丁でむくと、酢がかゆみのもとである「シュウ酸カルシウム」を分解し、手がかゆくなりにくくなります。

献立 21

ポトフーセット

- ライ麦パン
- ポトフー
- たまごとじゃがいものサラダ
- りんご&キウイフルーツ

458 kcal
- 塩分 2.6g
- 食物繊維 **8.1g**
（1日必要量の40%）

ゴロゴロと大きめに切った野菜を煮込むポトフーは、淡い味つけで、野菜の甘みを味わいます。たっぷり野菜で食物繊維も1日の必要量の40%をクリアーできるスローカロリー献立です。

ポトフー

154 kcal
塩分 **1.6**g
食物繊維 **3.7**g

材料　2人分

キャベツ（芯をつけたまま）…1/4個
たまねぎ…1/2個
セロリ…1/4本
赤パプリカ…1/4個
ソーセージ…4本
A 水…300ml
　　ローリエ…1枚
　　塩…小さじ1/3
　　コンソメ顆粒…小さじ1/2
パセリ（みじん切り）…少々

作り方

1. キャベツは半分に切る。たまねぎは1cm厚さのくし形に、セロリは3cmの長さに切り、赤パプリカは乱切りにする。ソーセージは斜め切りで半分にする。
2. 鍋に**1**と**A**を入れ、やわらかくなるまで煮込む。
3. 器によそい、パセリを散らす。

ライ麦パン

109 kcal
塩分 **0.4**g
食物繊維 **1.7**g

材料　2人分

ライ麦パン…2枚
バター…小さじ2

りんご＆キウイフルーツ

48 kcal
塩分 **0.0**g
食物繊維 **1.8**g

材料　2人分

りんご…1/2個
キウイフルーツ…1個

たまごとじゃがいものサラダ

147 kcal
塩分 **0.6**g
食物繊維 **0.9**g

材料　2人分

じゃがいも…1個
たまご…2個
スナップエンドウ…2個
A マヨネーズ…小さじ2
　　ヨーグルト…小さじ2
　　塩…少々

作り方

1. じゃがいもは皮をむき、一口大に切り、ラップで包み、電子レンジで5分加熱する。
2. ゆでたまごを作る。
3. スナップエンドウをゆで、3等分に切る。
4. ボウルで**1**、**2**、**3**、**A**をざっくりまぜあわせる。

知っとく情報

りんごの力ってすごい！

デザートのりんごには、ペクチンやセルロースなど食物繊維が豊富。さらに腸内の善玉菌を増やすオリゴ糖も含み、便秘予防の強い味方です。またペクチンはコレステロールを下げ、動脈硬化を予防します。

献立 22

厚揚げの野菜たっぷりあんかけ膳

- ごはん
- 厚揚げの野菜たっぷりあんかけ
- かぼちゃと豚肉の煮もの
- トマトのもずく酢

555 *kcal*
- 塩分 5.1g
- 食物繊維 **8.3**g
（1日必要量の42%）

豆腐製品は良質なたんぱく質を含む上に低カロリーなのが魅力。たっぷりの野菜をあんかけにすることで、食べごたえのある主菜に。トマトのもずく酢は汁ごと食べることをおすすめします。

厚揚げの野菜たっぷりあんかけ

182 kcal
塩分 **3.0**g
食物繊維 **2.9**g

材料　2人分

厚揚げ…1枚
たまねぎ…1/4個
にんじん…40g（4cm）
白菜…100g（葉1枚）
しめじ…50g（1/2袋）
さやえんどう…4枚
サラダ油…小さじ2
A｜だし汁…200ml
　｜しょうゆ…小さじ2
水溶き片栗粉…小さじ2

作り方

1. 厚揚げは1cmの厚さに切り、フライパンで両面をよく焼き、器に盛る。
2. たまねぎは1cmの厚さのくし形切り、にんじんは1cm幅の短冊切り、白菜は1cm幅のざく切りにする。しめじはほぐす。さやえんどうは色よくゆで3等分に切る。
3. フライパンにサラダ油を熱し、たまねぎ、にんじん、白菜の軸の部分、しめじを入れて炒める。Aを加え、にんじんがやわらかくなるまで煮る。
4. 白菜の葉先を加え、火が通ったら水溶き片栗粉を加えてとろみをつけ、1にかけ、さやえんどうを散らす。

知っとく情報

海藻を副菜に取り入れる

「トマトのもずく酢」は、もずく酢をめかぶに変えてもおいしくいただけます。低カロリーな上に、食物繊維やミネラルが豊富。海藻特有のネバネバ成分「フコイダン」は、動脈硬化の予防にも効果があるとか。

かぼちゃと豚肉の煮もの

166 kcal
塩分 **1.1**g
食物繊維 **2.5**g

材料　2人分

かぼちゃ…150g
豚こまぎれ肉…60g
サラダ油…小さじ1
A｜だし汁…300ml
　｜砂糖…小さじ2
　｜しょうゆ…小さじ2

作り方

1. かぼちゃは一口大に切る。
2. 鍋にサラダ油を熱し、豚肉を炒める。
3. 1とAを加え、やわらかく煮る。

トマトのもずく酢

39 kcal
塩分 **1.0**g
食物繊維 **2.6**g

材料　2人分

トマト…中2個
きゅうり…1本
塩…少々
もずく酢…2パック

作り方

1. トマトはくし形に切る。
2. きゅうりは小口切りにして塩でもみ、水気をしぼる。
3. 1、2を器に盛り、もずく酢をかける。

献立23 豚そぼろ丼セット

- 豚そぼろ丼
- 大根のごま風味煮
- 小松菜とかにかまぼこのレンジおひたし
- かきたま汁

589kcal
- 塩分 4.3g
- 食物繊維 7.0g（1日必要量の36％）

そぼろといえば肉がメインとなりますが、スローカロリーを意識してごぼうをプラス。食物繊維量が増えるだけでなく、噛みごたえも加わり、ごぼうの香りがアクセントになります。

豚そぼろ丼

418 kcal　塩分 1.0g　食物繊維 2.1g

材料　2人分

- 豚ひき肉…180g
- ごぼう…60g
- A 砂糖…小さじ2
  - しょうゆ…小さじ2
  - みりん…小さじ2
  - しょうが（すりおろし）…小さじ1
- かいわれ大根…適宜
- ごはん…300g

作り方

1. ごぼうはささがきにする。
2. フライパンに豚ひき肉、1、Aを入れて炒める。
3. 丼にごはんを盛りつけ、2をかけ、かいわれ大根をのせる。

大根のごま風味煮

86 kcal　塩分 0.6g　食物繊維 3.2g

材料　2人分

- 大根…150g（5cm）
- にんじん…60g（6cm）
- こんにゃく…100g
- ごま油…小さじ2
- A だし汁…300ml
  - 砂糖…小さじ2
  - しょうゆ…小さじ2
- 白すりごま…大さじ1/2
- さやえんどう…4枚

作り方

1. 大根、にんじんは乱切りにする。こんにゃくは一口大にちぎる。
2. さやえんどうはゆでておく。
3. 鍋にごま油を熱し、1を入れてさっと炒め、Aを加えて煮る。
4. 野菜がやわらかくなったら、白すりごまを加えてひと煮立ちさせ、器に盛り、さやえんどうをあしらう。

小松菜とかにかまぼこのレンジおひたし

34 kcal　塩分 1.4g　食物繊維 1.4g

材料　2人分

- 小松菜…150g（1/2束）
- A だし汁…100ml
  - しょうゆ…小さじ2
- かにかまぼこ…2本

作り方

1. 小松菜は5cmくらいの長さに切る。かにかまぼこはほぐしておく。
2. 耐熱ボウルに1とAを入れ、ふんわりラップをかけ、電子レンジで1分30秒加熱する。
3. 全体をよくまぜ、器に盛る。

かきたま汁

51 kcal　塩分 1.3g　食物繊維 0.3g

材料　2人分

- 溶きたまご…1個分
- 長ねぎ…10cm
- A だし汁…300ml
  - 薄口しょうゆ…小さじ1
  - 塩…小さじ1/4
- 水溶き片栗粉…小さじ2
- みつば…適宜

作り方

1. 長ねぎは5mm幅の斜め切りにする。
2. 鍋にAと1を入れ、沸騰したら水溶き片栗粉でとろみをつける。
3. 長ねぎがやわらかくなったら、溶きたまごをまわし入れ、椀にそそぎ、みつばをあしらう。

知っとく情報

ひき肉は脂に要注意

ひき肉は脂身が混ざったものが多く、意外と高カロリー。フライパンで油をひかずに炒めて、余分な脂をキッチンペーパーで吸い取るとカロリーダウンできます。赤身の肉を自分で包丁でたたいて使うのもおすすめです。

献立 24 鶏肉と厚揚げの鍋セット

ごはん　鶏肉と厚揚げの鍋　ブロッコリーのなめたけ和え　ヨーグルト

537 kcal
塩分 3.0g
食物繊維 **8.2g**
（1日必要量の41％）

野菜たっぷりで、ダイエットメニューの定番ともいえる鍋料理。お鍋の材料に骨つきの鶏肉を使うと、骨からうまみが溶け出しておいしさが増します。骨つき肉は「食べた！」という満足感もたっぷり。

鶏肉と厚揚げの鍋

250 kcal
塩分 **2.2**g
食物繊維 **3.9**g

材料　2人分

鶏手羽肉…4本
厚揚げ…1/2枚
A しょうゆ…小さじ1
　　片栗粉…小さじ1
大根…200g（6～7cm）
白菜…100g（葉1枚）
えのきだけ…50g（1/2袋）
水菜…50g（小1株）
にんじん…30g（3cm）
B だし汁…200ml
　　塩…小さじ1/3
　　しょうゆ…小さじ1
　　みりん…小さじ3

作り方

1. 鶏手羽肉はポリ袋に入れて**A**で下味をつける。
2. 厚揚げは一口大に切る。
3. 大根は7mmの厚さの半月切りに、白菜、水菜は5cmの長さに切り、にんじんは薄切りにして紅葉の型でぬく。えのきだけはほぐす。
4. 土鍋に**B**をわかし、**1**、**2**、**3**を入れて煮る。

ブロッコリーのなめたけ和え

23 kcal
塩分 **0.7**g
食物繊維 **2.8**g

材料　2人分

ブロッコリー…100g
なめたけ（びん詰め）…大さじ2

作り方

1. ブロッコリーは小房にわけて、ゆでる。
2. **1**を小鉢に盛り、なめたけをかける。

ヨーグルト

96 kcal
塩分 **0.1**g
食物繊維 **1.2**g

材料　2人分

プレーンヨーグルト…150g
スローカロリーシュガー…小さじ2
プルーン…4個

作り方

1. プレーンヨーグルトを器に入れ、スローカロリーシュガーをかけ、プルーンをのせる。

知っとく情報

ドライプルーンは常備できる果実

プルーンは食物繊維を多く含むとともに、鉄分を多く含み、貧血予防に効果を発揮し、女性にとって力強い味方の食材です。ドライプルーンは常備できるので便利。ヨーグルトに混ぜたり、シェイクに入れてもおいしいです。

糖質と健康・長寿のおはなし

家森幸男

長寿の食文化と短命の食文化

　私は食事と健康の関係を調べるために世界中をまわり、これまでに塩分の摂取が少ない国や地域ほど脳卒中になりにくいこと、また魚や大豆を食べる国や地域では心筋梗塞で亡くなる方が少ないことなどを報告してきました。

　私が出会ったブラジル在住の日系人たちは、日本の食習慣を失い、脂肪の多い肉を常食し消化の速い糖質を多量にとる食生活で、肥満が増え高血圧や糖尿病の人が増えていました。

　同じ遺伝子を持っているはずの日本在住の日本人よりも、なんと17年も短命になっていたのです。

ファストに対抗するスロー

　そんな日系ブラジル人たちに、彼らが普段使っている砂糖の代わりに、ゆっくり吸収される甘味料「パラチノース」を使ってもらいました。そして4カ月後に検診してみると「パラチノース」を食べた人たちは内臓脂肪が減り、血圧が下がり、生活習慣病のリスクが低減していました。

　「パラチノース」にはゆっくりと消化吸収されるという特徴があります。糖の吸収がゆっくりになれば、血糖値がゆっくり上がってゆっくり下がります。ファストとはまさしく反対。パラチノースは砂糖と一緒に使っても、同じような効果が期待できます。おいしさはそのままで、吸収はゆっくりという点がいいですね。

健康長寿の秘訣はスローな食事

　「パラチノース」に代表されるスローな食品を使った食生活が、健康な体づくりに役立つことは、日系ブラジル人たちの研究からも明らかです。

　そもそも伝統的な日本食は理想的なスローフードです。海産物が豊富な上に、イソフラボンや繊維・ミネラルの多い大豆、魚、食物繊維が豊富で消化がゆっくりの根菜類や海藻、精白度の低いお米など。基本的に噛みごたえのあるものを、ゆっくり時間をかけて食べることがいいのです。

　乳製品や油も良質のものを使えば、消化もゆっくりできます。砂糖は「パラチノース」と一緒に使いましょう。カスピ海ヨーグルトのような、粘り気のあるヨーグルトも、ゆっくり吸収に役立ちますよ。

　どうしたら忙しい日常生活で、ゆっくり栄養を吸収できるような食事ができるかを考えながら楽しく食べれば、健康長寿に必ず役立つことでしょう。

● 家森幸男（やもりゆきお）
1937年　京都生まれ　京都大学大学院医学研究科博士課程修了。
現在、武庫川女子大学教授・国際健康開発研究所所長。京都大学名誉教授。
WHO循環器疾患専門委員、財団法人兵庫県健康財団会長などを兼任。
ベルツ賞、杉田玄白賞、紫綬褒章、瑞宝中綬章など受賞・受章多数。
著書に『遺伝子が喜ぶ長生きごはん』、『世界一長寿な都市はどこにある？』など多数。

スローカロリーの
丼もの、麺、副菜、デザート

ちょっと小腹のすいたときに
短時間ですぐできる
糖質や食物繊維にも配慮した一品
仕上げに食後のデザートも

à la carte やっぱり食べたい！ごはん・丼・麺

ごはん・丼・麺 ①
トマトの全粒粉パスタ

378 kcal
塩分 **1.1** g
食物繊維 **4.4** g

全粒粉パスタは、食物繊維が普通のパスタの2倍以上。
アルデンテにゆでて、歯ごたえを残すようにすると
しっかり噛むので、よりスローカロリーに。
夏には冷製パスタにアレンジしてもおいしい！

材料　2人分

パスタ（全粒粉）…160g
A にんにく（みじん切り）…1かけ
　　オリーブ油…大さじ1/2
たまねぎ（みじん切り）…1/4個
トマト…中玉2個
塩・こしょう…各少々
イタリアンパセリ…適宜
黒オリーブの実（輪切り）…2個

作り方

1. パスタはゆでておく。
2. フライパンに**A**を入れ弱火で炒め、香りがたったらたまねぎを加えて炒める。
3. たまねぎが透き通ったら、トマトをざく切りにして加え、10分くらい煮て、塩・こしょうで味を調え、**1**のパスタとあわせる。
4. 器に**3**を盛り、イタリアンパセリ、黒オリーブの実を散らす。

ごはん・丼・麺 ②
とろろきのこそば

そば対うどんなら、食物繊維の量ではそばに軍配があがります。
長いもやきのこを加えることで、
しっかり食物繊維がとれる主食になります。
夏には冷たい「ぶっかけそば」にアレンジするといいでしょう。

407 kcal
塩分 **3.1** g
食物繊維 **6.3** g

材料　2人分

ゆでそば…2玉
きのこ2〜3種…100g
長いも…7cm
小松菜…60g（2株）
温泉たまご…2個
A　だし汁…500ml
　　しょうゆ…大さじ2
　　みりん…大さじ2

作り方

1. きのこは食べやすい大きさに小わけにする。長いもはすりおろし、とろろにする。小松菜は5cmの長さに切る。
2. Aを煮立たせ、きのこを入れ、火が通ったら小松菜を加えてさっと煮る。
3. 別鍋でそばをさっとゆで、湯切りして器にあける。
4. 2をまわしかけ、長いもとろろ、温泉たまごをのせる。

やっぱり食べたい！ごはん・丼・麺

ごはん・丼・麺 ③

納豆キムチ丼

385 kcal
塩分 **0.7** g
食物繊維 **7.0** g

納豆＋キムチでパンチのある丼に。
納豆は食物繊維が豊富で
血液サラサラ効果や制ガン作用もある
ナットウキナーゼという酵素が含まれた健康食品です。

材料　2人分

納豆…2パック
白ごま…小さじ2
キムチ…60g
雑穀ごはん…300g
細ねぎ（小口切り）…8cm

作り方

1. 納豆に白ごまを混ぜる。
2. 器に雑穀ごはんを盛り、**1**をかけ、キムチをのせ、細ねぎを散らす。

ごはん・丼・麺 ④
ぶっかけそうめん

525 kcal
塩分 5.0g
食物繊維 3.4g

そうめんだけ食べていては栄養が偏りがちです。
皿盛りにして、野菜や練り製品などをのせて、汁をかける、
ぶっかけスタイルが、見た目にもきれいで
無理なくいろいろな食品をバランスよく食べられます。

材料　2人分

- そうめん…200g
- きゅうり…1本
- みょうが…1個
- かにかまぼこ…4本
- 溶きたまご…1個分
- 塩…少々
- サラダ油…小さじ1
- 麺つゆ（ストレート）…200ml

作り方

1. そうめんはたっぷりの湯でゆで、冷水にとり、水気を切る。
2. きゅうり、みょうがはせん切りに、かにかまぼこは対角線に切る。
3. 溶きたまごに塩を入れてまぜる。フライパンにサラダ油を熱し、たまご液を流し入れ、薄焼きたまごを作る。細く切り、錦糸たまごにする。
4. 皿に**1**のそうめんを盛り、**2**、**3**を彩りよくのせ、麺つゆを添える。

à la carte やっぱり食べたい！ ごはん・丼・麺

ごはん・丼・麺 ⑤
雑穀のレタスチャーハン

283 kcal
塩分 **2.4**g
食物繊維 **2.5**g

味がしっかりついていて、一品で食事が完結しますが
レタスを大きめにちぎり、仕上げに加えることで
カサが増えて、シャキシャキ感がアクセントに。
噛む回数も自然と増えます。

材料　2人分

レタス…葉3枚
黄パプリカ…1/4個
ハム…3枚
A 長ねぎ…10cm
　　しょうが…1かけ
　　ごま油…小さじ2
雑穀ごはん…200g

B 鶏ガラスープの素…小さじ1
　　しょうゆ…小さじ2
　　塩…少々

作り方

1. レタスは一口大にちぎる。
2. ハムは1cm角くらいに切る。黄パプリカは粗みじん切りにする。
3. **A**の長ねぎ、しょうがをみじん切りにする。
4. フライパンで**A**を炒め、**2**を加えて炒めあわせる。
5. 雑穀ごはんと**B**を入れて調味し、レタスをまぜる。

ごはん・丼・麺 ⑥
バンバンジーそうめん

349 kcal
塩分 **3.9** g
食物繊維 **3.4** g

そうめんはタレのバリエーションで
和風、中華、イタリアンにとアレンジがきく食材。
今回はねりごまと豆板醤のソースで中華風に。
ごまは食物繊維が豊富な健康食品です。

材料　2人分

そうめん…2束
鶏ささみ…2本
酒…小さじ1
トマト…中玉2個
きゅうり…1/2本
A　しょうが（すりおろし）…小さじ1
　　砂糖…小さじ1
　　ねりごま…大さじ1
　　豆板醤…小さじ1/2
　　めんつゆ（ストレート）…200ml

作り方

1. 鶏ささみは酒をふってラップで包み、電子レンジで1分30秒加熱する。粗熱がとれたら、細くほぐす。
2. トマトは薄く輪切りにし、皿に丸く広げる。
3. きゅうりはせん切りにする。
4. そうめんはゆでて冷水にとり、水気を切って**2**の皿に盛り、**1**と**3**をのせる。
5. **A**をまぜあわせ、**4**にかける。

à la carte

食物繊維たっぷりの 副菜・スープ

副菜・スープ ①
アボカドと大豆のカレーサラダ

254 kcal　塩分 0.8g　食物繊維 7.2g

アボカドは飛び抜けて食物繊維が多い果実。
大豆とあわせて1日の必要量をクリア。

材料　2人分

アボカド…1個
レモン汁…小さじ1
大豆水煮缶…80g
A　マヨネーズ…大さじ1
　　ヨーグルト…大さじ1
　　カレー粉…小さじ1/2
　　塩・こしょう…各少々
ブロッコリースプラウト…適宜

作り方

1. アボカドは1cm角に切り、レモン汁をまぶす。
2. 大豆水煮缶は水を切る。
3. ボウルにAをあわせ、1、2を加えて和える。
4. 3を皿に盛り、ブロッコリースプラウトをそえる。

副菜・スープ ②
2色のパプリカピクルス

44 kcal　塩分 0.5g　食物繊維 1.6g

パプリカがちょっと余ったときにおすすめです。
常備できるので、あと一品というときに便利です。

材料　2人分

赤パプリカ…1/2個
黄パプリカ…1/2個
たまねぎ…1/4個
セロリ…10cm

A　酢…大さじ1/2
　　白ワイン…大さじ1/2
　　水…大さじ1/2
　　ローリエ…1枚
　　はちみつ…大さじ1
　　塩…小さじ1/2

作り方

1. 赤・黄パプリカは一口大に切る。
2. たまねぎは薄切りに、セロリは乱切りにする。
3. Aを煮立たせ、冷ましてから1、2をつける。

副菜・スープ ③
切干大根の ペペロンチーノ

89 kcal
塩分 **0.6**g
食物繊維 **3.9**g

生の大根に比べ、甘み、うまみが深い切干大根。
純和風の食材をイタリアンの味で楽しみます。

材料 2人分

切干大根…30g
オクラ…2本
黄パプリカ…1/4個
A にんにく（薄切り）…1かけ
　赤とうがらし（輪切り）
　　…適宜
　オリーブ油…小さじ2
塩・こしょう…各少々

作り方

1. 切干大根は水に15分くらいひたしてもどし、水気をしぼる。
2. オクラは輪切りにする。
3. 黄パプリカは細切りにする。
4. フライパンにAを入れて熱し、香りがたったら1、2、3を加えて炒め、塩・こしょうで味つけする。

副菜・スープ ④
糸寒天のサラダフォー風

28 kcal
塩分 **1.4**g
食物繊維 **5.0**g

ずば抜けた食物繊維量を誇る寒天。サラダ、
デザート、汁ものと幅広く料理に取り入れましょう。

材料 2人分

糸寒天…5g
水菜…30g
赤パプリカ…1/4個
A スイートチリソース
　　…大さじ1
　ヌクマム…小さじ1
　レモン汁…小さじ1
香菜…適宜

作り方

1. 糸寒天は水にひたしてもどし、水気をしぼる。
2. 水菜は3cmの長さに、赤パプリカは3mm幅の細切りにする。
3. ボウルで1、2をまぜ、皿に盛り、Aをまわしかけ、香菜を上にのせる。

à la carte
食物繊維たっぷりの **副菜・スープ**

副菜・スープ ⑤
糸こんにゃくときのこのソテー

62 kcal
塩分 **0.9** g
食物繊維 **4.4** g

消化に時間のかかるこんにゃく料理は
ダイエット時でも安心して食べられる一品。

材料　2人分

糸こんにゃく...1袋
しめじ...100g（1袋）
ピーマン...1/2個
サラダ油...小さじ2
しょうゆ...小さじ2
けずり節...適宜

作り方

1. 糸こんにゃくはさっとゆで、食べやすい長さに切る。
2. しめじは小房にほぐし、ピーマンはせん切りにする。
3. フライパンで**1**を水分がなくなるまで炒めたら、サラダ油、**2**、しょうゆを加え、炒めあわせる。
4. 器に盛り、好みでけずり節を散らす。

副菜・スープ ⑥
オレンジ風味の キャロットラペ

118 kcal
塩分 **0.3**g
食物繊維 **1.6**g

オレンジの甘酸っぱさがにんじんと好相性。
にんじん嫌いの人にもおすすめのメニューです。

材料　2人分

にんじん…80g（8cm）
オレンジ…1個
A　オリーブ油…小さじ4
　　酢…小さじ2
　　塩・こしょう…各少々
パセリ（みじん切り）…適宜

作り方

1. にんじんはスライサーなどで細く切る。
2. オレンジは皮と薄皮をむく。
3. ボウルにAを入れてよくまぜ、1、2を加えて和える。
4. 器に盛り、パセリを散らす。

副菜・スープ ⑦
きざみオクラとみょうがの めかぶ和え

15 kcal
塩分 **0.6**g
食物繊維 **2.6**g

オクラのぬめり、
めかぶのぬめりの相乗効果が
血糖値の上昇をおだやかにして
くれます。

材料　2人分

オクラ…4本
みょうが…2個
市販めかぶ酢…40g×2パック

作り方

1. オクラはさっとゆで、小口切りにする。
2. みょうがは細く切る。
3. 器にめかぶ酢を入れ、1、2を加え、ひとまぜする。

à la carte
食物繊維たっぷりの **副菜・スープ**

副菜・スープ ⑧
カラフル豆とあさりの
ミルクスープ

236 kcal
塩分 **2.0** g
食物繊維 **7.3** g

皮ごと食べる豆料理は食物繊維量アップにつながります。

材料　2人分

たまねぎ…1/2個
にんじん…1/3本
オリーブ油…小さじ2
A 水…150ml
　コンソメ顆粒…小さじ1
B あさり缶…30g
　ミックスビーンズ…40g
　大豆の水煮…30g
牛乳…150ml
みそ…大さじ1
パセリ（みじん切り）…少々

作り方

1. たまねぎ、にんじんは1cm角に切る。
2. 鍋にオリーブ油を入れ、**1**を炒め、**A**を加える。煮立ったら**B**を加え5分ほど煮る。
3. 牛乳をそそぎ、沸騰直前にみそを溶き入れる。
4. 器に盛り、パセリを散らす。

副菜・スープ ⑨
根菜汁

65 kcal　塩分 1.0g　食物繊維 4.2g

噛みごたえのある根菜が主役の汁ものは これ1杯でまんぷく感があります。

材料　2人分

A 干ししいたけ…2個
　　水…150ml
B 大根…100g（3〜4cm）
　　ごぼう…50g
　　にんじん…50g（5cm）
　　れんこん…60g

だし汁…150ml
しょうゆ…小さじ2
細ねぎ
（斜めの薄切り）…適宜

作り方

1. 干ししいたけは**A**の水でもどし、4等分に切る。もどし汁はとっておく。
2. **B**の野菜はすべて小さめの乱切りにする。
3. 鍋に**1**のしいたけともどし汁、**2**、だし汁を入れ、やわらかくなるまで煮る。
4. しょうゆで味を調え、器によそい、細ねぎをあしらう。

副菜・スープ ⑩
レタスの冷たいみそスープ

26 kcal　塩分 1.5g　食物繊維 1.2g

レタスのシャキシャキ感が楽しめるスープです。
しょうがが入っているので、夏の冷え予防にも効果あり。

材料　2人分

レタス…40g（葉2枚）
長ねぎ（みじん切り）…8cm
しょうが（みじん切り）
　…5g（1かけ）
みそ…大さじ1
だしの素…小さじ1/2
冷水…300ml
湯…適宜

作り方

1. レタスは太めのせん切りにする。
2. 器に長ねぎ、しょうが、みそ、だしの素を入れ、少量の湯でまぜ溶き、冷水と**1**を加える。

副菜・スープ ⑪

オクラ納豆汁

128 kcal
塩分 **1.3** g
食物繊維 **4.4** g

オクラと納豆のコラボで
のどごしのよい自然のとろみがつきます。

材料　2人分

オクラ…2本
納豆…2パック
だし汁…300ml
みそ…大さじ1
長ねぎ（小口切り）…5cm
ねりがらし…少々

作り方

1. オクラはゆでて冷水にとり、水気を切って、小口切りにする。
2. だし汁をわかし、みそを溶き入れる。
3. お椀にかきまぜた納豆と**1**を入れ、**2**をそそぎ、ねりがらしをあしらう。長ねぎを小口切りにして加えてもよい。

副菜・スープ (12)

レンジきのこと温泉たまごのみそ汁

104 kcal
塩分 **1.3** g
食物繊維 **1.8** g

電子レンジを活用した
鍋いらずで手軽に作れるみそ汁です。

材料　2人分

にら…1/4束
えのきだけ…50g（1/2袋）
A　けずり節…大さじ2
　　みそ…大さじ1
　　熱湯…300ml
温泉たまご…2個

作り方

1. にらは3cmの長さに、えのきだけは半分の長さに切る。
2. 耐熱の器に**1**を入れ、ラップをかけて電子レンジで40秒加熱する。
3. **2**に**A**を加え、よくまぜてから温泉たまごを割り入れる。

à la carte スローカロリーなデザート

デザート ①
おからのクッキー

397 kcal
塩分 **0.5g**
食物繊維 **3.4g**

ダイエット中でもやっぱり食べたいおやつ。
カロリーが高くなってしまう小麦粉の量を減らし、
おからをプラス。食物繊維が豊富で、
大豆由来の栄養がたっぷりの焼き菓子です。

材料　2人分

- バター…35g
- スローカロリーシュガー…35g
- 溶きたまご…1/3個
- おから…35g
- 小麦粉…75g
- ベーキングパウダー…小さじ1/3
- 黒ごま…大さじ1

作り方

1. 常温においたバターをボウルに入れ、スローカロリーシュガーを加えて、白くなるまでよくまぜ、溶きたまごを加え、さらによくまぜ、おから、黒ごまを加える。
2. 小麦粉とベーキングパウダーをふるいにかけ、**1**に加えてまぜる。
3. 12等分にわけ、ボール状にまとめたら、コップの底で押して平らにする。
4. 天板にクッキングシートを敷き、**3**を並べ、170度のオーブンで20分焼く。

デザート ②
いちごのカップレアチーズ

467 kcal
塩分 **0.7** g
食物繊維 **0.2** g

小麦粉を使うお菓子に比べると低糖で作れるゼラチンのデザートです。

材料　2人分

A クリームチーズ（常温）…100g
　ヨーグルト…100g
　生クリーム…100g
　スローカロリーシュガー
　　　…大さじ3
　レモン汁…大さじ1

粉ゼラチン…3g
水…50ml
いちご…2個
ミントの葉…適宜

作り方

1. **A**をボウルに入れ、よくまぜる。
2. 耐熱容器に水と粉ゼラチンを入れてふやかし、電子レンジで30秒加熱する。
3. **1**に**2**を加えて混ぜ、グラスにそそぎ、冷蔵庫で冷やし固める。
4. たて1/4に切ったいちごとミントの葉を飾る。

デザート ③
紅茶のゼリー

40 kcal
塩分 **0.0** g
食物繊維 **1.5** g

琥珀色がきれいな紅茶のゼリーは
スローカロリーシュガーでほんのり上品な甘さに。

材料　2人分

A 紅茶（ティーパック）…1個
　湯…250ml
スローカロリーシュガー
　　…大さじ2
粉寒天…2g
ミントの葉…適宜

作り方

1. 小鍋に**A**で紅茶を作り、粉寒天を入れまぜて1〜2分煮て、スローカロリーシュガーを溶かす。
2. **1**の粗熱がとれたらグラスにそそぎ、冷蔵庫で冷やし固め、ミントの葉を飾る。

à la carte スローカロリーな デザート

デザート 4
Wベリーと豆乳のスムージー

124 kcal
塩分 **0.1** g
食物繊維 **2.7** g

ビタミンが豊富ないちごと
ブルーベリーのスムージー。
冷凍の果実で作ると便利です。

材料　2人分

いちご…4個
ブルーベリー…100g
豆乳…200ml
スローカロリーシュガー…大さじ1

作り方

1. 材料すべてをミキサーに入れて混ぜ、グラスにそそぐ。

Wベリーと豆乳の
スムージー

デザート 5
パイナップル＆キャベツスムージー

116 kcal
塩分 **0.1** g
食物繊維 **1.5** g

キャベツのビタミンを壊さず
生のままおいしく飲めるスムージーです。

パイナップル＆
キャベツスムージー

材料　2人分　(生のまま)

キャベツ…80g (葉2枚)
パイナップル…100g
A ヨーグルト…200g
　レモン汁…大さじ1
　スローカロリーシュガー…大さじ1

作り方

1. キャベツはざく切りに、パイナップルは一口大に切る。
2. 1とAをミキサーに入れてまぜ、グラスにそそぐ。

デザート 6

ヨーグルトの
マンゴームース

186 kcal
塩分 **0.2** g
食物繊維 **1.0** g

おいしく食べて美容効果もあるヨーグルトベースのデザート。

材料　2人分

マンゴー…150g
ヨーグルト…100g
粉ゼラチン…5g
水…50ml
A　生クリーム…50g
　　スローカロリーシュガー
　　…大さじ1

作り方

1. マンゴーは飾り用に1/3を1cm角に切る。
2. 残りのマンゴーとヨーグルト、**A**をミキサーにかける。
3. 耐熱容器に水と粉ゼラチンを入れてふやかし、電子レンジで30秒加熱し、**2**に加える。
4. **3**をグラスにそそぎ、冷やし固め、**1**を飾る。

デザート 7

いちごの
コンフィチュール

172 kcal
塩分 **0.4** g
食物繊維 **2.5** g

スローカロリーシュガーで作るいちごジャム。
電子レンジだから、食べたい分だけ、すぐできます。

材料　2人分

いちご…8個
スローカロリーシュガー
　…36g（いちごの30%）
胚芽パン…2枚

作り方

1. 耐熱容器にいちごとスローカロリーシュガーを入れ、電子レンジで4分加熱する。
2. 胚芽パンをトーストして対角線に切り、**1**に添える。

食材の使い回し索引

野菜・くだもの

アスパラガス
- アスパラガスとパプリカのソテー 27
- かじきまぐろと野菜の焼きびたし 39

アボカド
- アボカドと大豆のカレーサラダ 82

いちご
- キウイフルーツ&いちご 55
- いちごのカップレアチーズ 91
- Wベリーと豆乳のスムージー 92
- いちごのコンフィチュール 93

オクラ
- オクラと豆乳の冷たいスープ 29
- 切干大根のペペロンチーノ 83
- きざみオクラとみょうがのめかぶ和え 85
- オクラ納豆汁 88

オレンジ
- オレンジ 35
- オレンジ風味のキャロットラペ 85

かいわれ大根
- 豚そぼろ丼 71

かぶ
- かじきまぐろと野菜の焼きびたし 39
- かぶと油揚げのみそ汁 47
- かぶとゆず塩麹和え 57

かぼちゃ
- かじきまぐろと野菜の焼きびたし 39
- かぼちゃの甘煮 55
- しらすとかぼちゃのチーズ焼き 61
- かぼちゃと豚肉の煮もの 69

カリフラワー
- カリフラワーのカレースープ 27

キウイフルーツ
- キウイフルーツ 33
- フルーツヨーグルト 53
- キウイフルーツ&いちご 55
- りんご&キウイフルーツ 67

きのこ
- 長いもときのこのソテー 29
- 鶏肉のカレー煮込み 31
- たけのことこんにゃくのしょうが煮 37
- エリンギとほうれん草の中華炒め 37
- かじきまぐろと野菜の焼きびたし 39
- なすとえのきだけのみそ汁 39
- 焼き肉 41
- 小松菜のソテー 43
- 牛肉の野菜巻き 45
- 鮭と野菜の蒸し焼き 47
- ちんげん菜と油揚げの煮びたし 51
- なめたけとみつばのすまし汁 57
- たらのトマトソース煮 61
- きのこの豚丼 63
- 豆腐となめこのみそ汁 63
- 厚揚げの野菜たっぷりあんかけ 69
- 鶏肉と厚揚げの鍋 73
- ブロッコリーのなめたけ和え 73
- とろろきのこそば 77
- 糸こんにゃくときのこのソテー 84
- 根菜汁 87
- レンジきのこと温泉たまごのみそ汁 89

キャベツ
- キャベツとベーコンのパスタ 45
- 鮭と野菜の蒸し焼き 47
- キャベツのスープ 65
- ポトフ 67
- パイナップル&キャベツスムージー 92

きゅうり
- ポテトサラダ 47
- きゅうりともやしのナムル 49
- わかめとラディッシュの酢のもの 51
- たたききゅうりの塩昆布ラー油和え 59
- たこと切干大根の和サラダ 63
- たたき長いもときゅうりの明太子和え 65
- トマトのもずく酢 69
- ぶっかけそうめん 79
- バンバンジーそうめん 81

クレソン
- レタスとクレソンのサラダ 29

小松菜
- 小松菜とちくわの食べるラー油和え 35
- 小松菜のソテー 43
- 青菜のみそ汁 61
- 小松菜とかにかまぼこのレンジおひたし 71
- とろろきのこそば 77

ごぼう
- ごぼう入りハンバーグ 27
- 豚そぼろ丼 71
- 根菜汁 87

さつまいも
- さつまいものレモン煮 43
- 焼きさつまいも 49

さやえんどう
- たけのことこんにゃくのしょうが煮 37
- 厚揚げの野菜たっぷりあんかけ 69
- 大根のごま風味煮 71

じゃがいも
- ポテトサラダ 47
- たまごとじゃがいものサラダ 67

スナップエンドウ
- 長いもときのこのソテー 29
- たまごとじゃがいものサラダ 67

ズッキーニ
- 鮭のチーズ焼き 65

セロリ
- 鶏肉のカレー煮込み 31
- セロリとにんじんのサラダ 53
- ぶりの照り焼き 57
- たたききゅうりの塩昆布ラー油和え 59
- たこと切干大根の和サラダ 63
- ポトフ 67
- 2色のパプリカピクルス 82

大根
- 麻婆大根 33
- さんまの塩焼き 51
- 根菜のみそ汁 51
- 大根のごま風味煮 71
- 鶏肉と厚揚げの鍋 73
- 根菜汁 87

たけのこ
- 豚こま団子の黒酢煮 35
- たけのことこんにゃくのしょうが煮 37

たまねぎ
- ごぼう入りハンバーグ 27
- カリフラワーのカレースープ 27
- 鶏肉のカレー煮込み 31
- カツオの中華風刺身 33
- ブロッコリーのコンソメスープ 45
- 鮭と野菜の蒸し焼き 47
- ポテトサラダ 47
- 根菜のみそ汁 51
- ハヤシライス 53
- 揚げない酢豚 59
- たらのトマトソース煮 61
- 青菜のみそ汁 61
- きのこの豚丼 63
- キャベツのスープ 65
- ポトフ 67
- 厚揚げの野菜たっぷりあんかけ 69
- トマトの全粒粉パスタ 76

ちんげん菜
- ちんげん菜のスープ 33
- ちんげん菜と油揚げの煮びたし 51
- トマトとちんげん菜のスープ 59

トマト・プチトマト
- オクラと豆乳の冷たいスープ 29
- トマトのサラダ 45
- トマトとちんげん菜のスープ 59
- トマトのもずく酢 69
- トマトの全粒粉パスタ 76
- バンバンジーそうめん 81

長いも
- 長いもときのこのソテー 29
- まぐろと長いものピリ辛丼 43
- たたき長いもときゅうりの明太子和え 65
- とろろきのこそば 77

なす
- なすとえのきだけのみそ汁 39

にら
- にらとたまごのすまし汁 37
- にらと牛肉のキムチ炒め 49
- レンジきのこと温泉たまごのみそ汁 89

にんじん
- たけのことこんにゃくのしょうが煮 37
- ポテトサラダ 47
- 根菜のみそ汁 51
- セロリとにんじんのサラダ 53
- 揚げない酢豚 59
- 厚揚げの野菜たっぷりあんかけ 69
- 大根のごま風味煮 71
- 鶏肉と厚揚げの鍋 73
- オレンジ風味のキャロットラペ 85
- カラフル豆とあさりのミルクスープ 86
- 根菜汁 87

にんにく
- 鮭のチーズ焼き 65

ねぎ
- カツオの中華風刺身 33
- 麻婆大根 33
- エリンギとほうれん草の中華炒め 37
- さばの中華みそ煮 37
- きくらげと赤パプリカのナムル 41
- まぐろと長いものピリ辛丼 43
- きゅうりともやしのナムル 49
- わかめスープ 49
- レタスとザーサイのスープ 55
- トマトとちんげん菜のスープ 59
- かきたま汁 71
- 納豆キムチ丼 78
- 雑穀のレタスチャーハン 80
- レタスの冷たいみそスープ 87
- オクラ納豆汁 88

白菜
- 白菜サラダ 27
- 白菜とわかめの中華スープ 35
- 厚揚げの野菜たっぷりあんかけ 69
- 鶏肉と厚揚げの鍋 73

パイナップル
- パイナップル&キャベツスムージー 92

パプリカ&ピーマン
- アスパラガスとパプリカのソテー 27
- 麻婆大根 33
- 豚こま団子の黒酢煮 35
- かじきまぐろと野菜の焼きびたし 39
- きくらげと赤パプリカのナムル 41
- 牛肉の野菜巻き 45
- 鮭と野菜の蒸し焼き 47
- 鶏から揚げ黒酢がらめ 55

揚げない酢豚	59
ピーマンの3色ソテー	65
ポトフー	67
雑穀のレタスチャーハン	80
2色のパプリカピクルス	82
切干大根のペペロンチーノ	83
糸寒天のサラダフォー風	83
糸こんにゃくときのこのソテー	84

ぶどう
ぶどう	59

ブルーベリー
Wベリーと豆乳のスムージー	92

プルーン
ヨーグルト	73

ブロッコリー
ブロッコリーのマスタードソース	39
ブロッコリーのコンソメスープ	45
ブロッコリーの磯辺和え	57
たらのトマトソース煮	61
ブロッコリーのごま和え	63
ブロッコリーのなめたけ和え	73

ベビーリーフ
トマトのサラダ	45

ほうれん草
エリンギとほうれん草の中華炒め	37

干しぶどう
白菜サラダ	27
セロリとにんじんのサラダ	53

マンゴー
ヨーグルトのマンゴームース	93

水菜
水菜サラダ	31
カツオの中華風刺身	33
鶏肉と厚揚げの鍋	73
糸寒天のサラダフォー風	83

みょうが
ぶっかけそうめん	79
きざみオクラとみょうがのめかぶ和え	85

もやし
きゅうりともやしのナムル	49
もやしとハムのマスタードサラダ	61

らっきょう
オクラと豆乳の冷たいスープ	29

ラディッシュ
水菜サラダ	31
わかめとラディッシュの酢のもの	51

りんご
白菜サラダ	27
りんごのハーブティー煮	31
フルーツヨーグルト	53
りんご&キウイフルーツ	67

レタス
レタスとクレソンのサラダ	29
レタスとザーサイのスープ	55
雑穀のレタスチャーハン	80
レタスの冷たいみそスープ	87

れんこん
根菜のみそ汁	51
根菜汁	87

肉

牛肉
牛肉の野菜巻き	45
にらと牛肉のキムチ炒め	49
ハヤシライス	53

ソーセージ
ポトフー	67

鶏肉
鶏肉のカレー煮込み	31
鶏のから揚げ黒酢がらめ	55
鶏肉と厚揚げの鍋	73
バンバンジーそうめん	81

ハム
水菜サラダ	31
小松菜のソテー	43
もやしとハムのマスタードサラダ	61
雑穀のレタスチャーハン	80

ひき肉
ごぼう入りハンバーグ	27
麻婆大根	33
豚そぼろ丼	71

豚肉
豚こま団子の黒酢煮	35
焼き肉	41
揚げない酢豚	59
きのこの豚丼	63
かぼちゃと豚肉の煮もの	69

ベーコン
キャベツとベーコンのパスタ	45
キャベツのスープ	65

魚介・海藻類

あさり
カラフル豆とあさりのミルクスープ	86

かじきまぐろ
かじきまぐろと野菜の焼きびたし	39

カツオ
カツオの中華風刺身	33

鮭
鮭のタンドリー焼き風	29
鮭と野菜の蒸し焼き	47
鮭のチーズ焼き	65

さば
さばの中華みそ煮	37

さんま
さんまの塩焼き	51

しじみ
しじみのみそ汁	43

しらす
しらすとかぼちゃのチーズ焼き	61

たこ
たこと切干大根の和サラダ	63

たら
たらのトマトソース煮	61

ちくわ
小松菜とちくわの食べるラー油和え	35

ぶり
ぶりの照り焼き	57

まぐろ
まぐろと長いものピリ辛丼	43

明太子
たたき長いもときゅうりの明太子和え	65

わかめ
白菜とわかめの中華スープ	35
わかめスープ	49
わかめとラディッシュの酢のもの	51

たまご・大豆・豆腐・加工品ほか

厚揚げ
厚揚げの野菜たっぷりあんかけ	69
鶏肉と厚揚げの鍋	73

油揚げ
かぶと油揚げのみそ汁	47
ちんげん菜と油揚げの煮びたし	51

糸寒天
トマトとちんげん菜のスープ	59
キャベツのスープ	65
糸寒天のサラダフォー風	83

おから
おからのクッキー	90

オリーブの実
トマトの全粒粉パスタ	76

かにかまぼこ
小松菜とかにかまぼこのレンジおひたし	71
ぶっかけそうめん	79

きくらげ
きくらげと赤パプリカのナムル	41

キムチ
焼き肉	41
にらと牛肉のキムチ炒め	49
納豆キムチ丼	78

切干大根
たこと切干大根の和サラダ	63
切干大根のペペロンチーノ	83

こんにゃく
たけのことこんにゃくのしょうが煮	37
大根のごま風味煮	71
糸こんにゃくときのこのソテー	84

ザーサイ
レタスとザーサイのスープ	55

そうめん・そば
とろろきのこそば	77
ぶっかけそうめん	79
バンバンジーそうめん	81

大豆
アボカドと大豆のカレーサラダ	82
カラフル豆とあさりのミルクスープ	86

たまご
ごぼう入りハンバーグ	27
にらとたまごのすまし汁	37
豆腐とたまごのしょうがスープ	41
たまごとじゃがいものサラダ	67
かきたま汁	71
とろろきのこそば	77
ぶっかけそうめん	79
レンジきのこと温泉たまごのみそ汁	89
おからのクッキー	90

チーズ
しらすとかぼちゃのチーズ焼き	61
鮭のチーズ焼き	65
いちごのカップレアチーズ	91

豆腐
豆腐とたまごのしょうがスープ	41
なめたけとみつばのすまし汁	57
豆腐となめこのみそ汁	63

トマトの水煮缶
ハヤシライス	53
たらのトマトソース煮	61

納豆
納豆キムチ丼	78
オクラ納豆汁	88

生クリーム
いちごのカップレアチーズ	91
ヨーグルトのマンゴームース	93

パスタ
キャベツとベーコンのパスタ	45
トマトの全粒粉パスタ	76

もずく酢
トマトのもずく酢	69
めかぶ酢	85

ヨーグルト
りんごのハーブティー煮	31
フルーツヨーグルト	53
ヨーグルト	73
いちごのカップレアチーズ	91
パイナップル&キャベツスムージー	92
ヨーグルトのマンゴームース	93

Profile

池田義雄（いけだよしお）

タニタ体重科学研究所所長。
1961年、東京慈恵会医科大学卒業。同大学生理学教室をへて、第3内科教室の講師、助教授。
1993年より同大学健康医学センター健康医学科教授。退任後、タニタ体重科学研究所所長に就任。
肥満、糖尿病、健康医学を中心に生活習慣病予防活動を推進する。（財）日本食生活協会代表理事、
（社）日本生活習慣病予防協会理事長、（認定NPO法人）セルフメディケーション推進協議会会長ほかで活躍中。
監修書に『量る・計る・食べるダイエット』（アスペクト）、著書に『タニタ式カラダのひみつ』（三笠書房）などがある。

Staff

- アートディレクション●志摩祐子（有限会社レゾナ）
- デザイン＆DTP●有限会社レゾナ
- イラストレーター●kanaria（P4〜6、P18、P22〜23）
- 料理制作・栄養計算●若宮寿子
- 撮影●伏木　博
- 編集●土井ゆう子
- 編集協力●嶋尾通事務所

タニタのDr.がすすめるスローカロリーレシピ
お腹いっぱいでも低カロリー

2013年3月4日　第1版第1刷発行

著　者	池田義雄
発行者	小林成彦
発行所	株式会社 PHP研究所
	東京本部　〒102-8331　千代田区一番町21
	書籍第二部　☎03-3239-6227（編集）
	普及一部　　☎03-3239-6233（販売）
	京都本部　〒601-8411　京都市南区西九条北ノ内町11
	PHP INTERFACE　http://www.php.co.jp/
印刷所	図書印刷株式会社
製本所	

©Yoshio Ikeda 2013 Printed in Japan
落丁・乱丁本の場合は弊社制作管理部（☎03-3239-6226）へご連絡下さい。
送料弊社負担にてお取り替えいたします。
ISBN978-4-569-81033-1